Sacando Mis Papeles

ISABEL CARRASCO

8TH & ATLAS PUBLISHING

8TH & ATLAS PUBLISHING

8th & Atlas Publishing
911 Walnut Street
Winston-Salem, NC 27101

www.8thandatlaspublishing.com

© 2021 Isabel Carrasco

Isabel Carrasco ha afirmado su derecho a ser identificada como autora de este Trabajo de acuerdo con el Copyright Act of 1976.

El contenido de esta obra está protegido por la Ley, que esperese penas de prisión y/o multas, además de las correspondientes indemnizaciones por daños y perjuicios, para quienes reprodujeren, plagiaren, distribuyeren o comunicaren públicamente, total o parcialmente una obra literaria, artística o científica, o su transformación, interpretación o ejecución artística fijada en cualquier tipo de soporte o comunidad a través de cualquier medio, sin la preceptiva autorización.

Este libro es una autobiografía. Refleja las experiencias y opiniones personales de la escritora. Para proteger la privacidad de los demás, se han cambiado algunos nombres.

Diseño de portada: Michael De Paris
Foto de portada: Christina De Paris

Este libro fue fabricado de manera ética y responsable por Lightning Source.

print ISBN: 978-1-7377181-3-0
ebook ISBN: 978-1-7377181-1-6

Este libro es dedicado a Line, Diosli y Dioneisi.

Sacando Mis Papeles

Prólogo

Quiero que las personas lean mi libro para que vean todo el trabajo que pasé y cómo he podido salir adelante con la fuerza y la sabiduría que Dios me dio, con el apoyo y la ayuda de mi amiga que ha sido mayor que cualquier apoyo y ayuda de mi verdadera familia. También quiero que vean que el que quiere puede hacerlo, y que se animen como yo lo hice; porque nunca me di por vencida a pesar de que soy una joven huérfana que no conoce a sus verdaderos padres, criada por dos personas que no son de su misma sangre. Quiero que muchas personas sepan que no importa que hablen mentiras de uno o que levanten calumnias sobre uno; lo que uno tiene que hacer es dejárselo a Dios, que él obre por nosotros; que sepan que el tiempo nos dará la respuesta y que uno puede progresar en la vida.

Escribir una autobiografía no hubiera pasado por mi mente, porque como soy una joven de baja categoría, nunca pensé hacerlo. Escribí *Sacando Mis Papeles* porque una amiga mía, llamada Christina De Paris, que es fundadora de la casa editorial 8th & Atlas Publishing, me dio la idea. Ella me dijo que yo he vivido una vida extraordinaria y debo compartirla con el mundo; por eso, empezamos a trabajar juntas en crear mi libro. Cuando me hizo la propuesta, sin saber le dije que sí porque, aunque hay muchas cosas que no sé, siempre me gusta aprender más. Pero, la verdad, escribirlo me salió muy fácil porque el libro es de mi vida, y es algo que yo me lo sé.

Para hacer este libro, Christina me mandaba unas preguntas sobre mi vida o de mis opiniones de algunos temas por Facebook Messenger o WhatsApp, y yo escribía las respuestas en un cuaderno. Luego tomaba prestado el teléfono de mi cuñado, Nenecito, para teclear las respuestas y mandarlas. Las hacía en su teléfono porque el de mi marido, Line, era menos avanzado que el de su hermanito. Cuando escribía las respuestas en un cuaderno, me sentaba desde las diez de la mañana y podía terminar a las tres de la tarde porque también tenía que atender a mis dos hijos, Diosli y Dioneisi, además de hacer todos los demás oficios de la casa. Si Line estaba en casa, siempre me ayudaba mucho con los niños y también me apoyaba con mi libro. Después que Christina tuvo muchas de mis palabras, empezó a organizar la escritura cronológicamente y por tema.

Luego de varios meses, la casa editorial a la que escribí el libro me proporcionó una computadora y una cajita de Internet. Line me daba el dinero para activar el servicio con 100 pesos. Yo lo usaba por tres días, y cuando se iba, si había dinero, él me volvía a dar para conectarlo de nuevo para hacer mi trabajo y mandárselo a mi editora. Aprendí a manejarme mejor con la laptop, y así contestaba las preguntas más fácil y más rápido que en el teléfono de mi cuñado. Nenecito me ayudaba con la tecnología también, porque él sabe mucho de eso.

Para mí, conocer a mi amiga Christina ha sido como un regalo. Ella vivió en Guayabal, República Dominicana, donde yo crecí, entre los años 2015 a 2017 porque trabajaba para el Cuerpo de Paz como voluntaria en la escuela. Ella fue a visitarme a la casa que el señor Ramirito nos había prestado para que viviéramos. Ella pasaba a saludar en algunas casas de la comunidad y fue a visitarme. Cuando llegó, le di una silla para que se sentara y comenzamos a conversar un poco. Line no estaba en ese momento, pero él ya la conocía porque la había visto cuando ella jugaba pelota con los alumnos de la escuela en un terreno de Guayabal. Es así como nuestra amistad empezó, y desde entonces siempre Christina, Line, y yo nos hemos comunicado y pensado en cada uno. Ella nos trata a nosotros como sus hermanos, y nos tenemos mucha confianza. Aunque ella regresó a Estados Unidos después de los dos años y se mudó a Suecia, seguimos siendo amigas.

     Les doy las gracias a Dios y luego a mi amiga porque he tenido la oportunidad de hacer este libro. Les doy las gracias a Chembo y a Mamota por criarme durante mi niñez. Gracias a Nenecito y Catalina por leer el libro y por el apoyo que me han dado, y gracias a la gente anónima que ha verificado alguna información. Agradezco a Marie Macdonald y José Pineda, quienes son fundadores de una ONG en República Dominicana que se llama Pack Alliance Company, por ofrecer su tiempo y servicios editoriales. Gracias a Daniella Ricci, una arquitecta venezolana y artista @daricci, por corregir el texto del libro, y también a Josefina Saccotelli, psicóloga, por revisarlo. Mil gracias a Luned Gonzalez por sus increíbles habilidades para corregir el texto. Por último, agradezco mucho a mis hijos, Diosli y Dioneisi, por darme tanta alegría, y a Line por su amor y todo lo que ha hecho por mí en mi vida. Los quiero mucho.

Espero que disfruten de mi libro.

Isabel Carrasco
May 2021
Santo Domingo,
República Dominicana

Capítulo 1

No conocí tanto a mi verdadera madre, pero sé que ella me entregó a Chembo y a Mamota después que mi papá murió, cuando yo tenía cinco años. Mi mamá le dijo a Mamota que yo nací en Santo Domingo, cuando ella y mi papá vivían allá, pero no le dijo en qué hospital ni cómo se llamaba el lugar donde vivían en La Capital.

Nací el 24 de marzo del año 1998. Esa fecha está apuntada en mi mente porque es lo que me han dicho, pero no está anotada en ningún registro de nacimientos. Mis padres no podían declararme en República Dominicana porque ellos eran haitianos sin papeles dominicanos; tampoco tenían documentos de Haití, y no podían registrarme allá. Por eso, cuando me iban a bautizar en la Iglesia católica, Chembo le dijo al padre que yo había nacido en el campo de Guayabal, y eso es lo que pusieron en mi acta de bautismo. En este momento que escribo el libro de mi vida, ese es el único documento oficial que tengo con mi nombre: Isabel Carrasco.

Mi mamá nació en Jacmel, en el suroeste de Haití, y mi papá nació en Boque Bánica, que está ubicado en el departamento Centro, del otro lado de la provincia fronteriza Elías Piña en República Dominicana, donde viví la mayor parte de mi niñez. Una parte de la isla Hispaniola está separada por 321 kilómetros del Río Artibonito, el cual es la fuente que mi mamá cruzó para entregarme a mis nuevos padres. Mis padres biológicos se conocieron en Santo Domingo, "La Capital", como decimos en República Dominicana, y luego se casaron y juntos tuvieron tres hijos (dos hembras y un varón) que se llaman Catalina, Isabel y Abel. Soy la segunda de este grupo, pero mis padres tenían otros hijos también: una hija, que conozco, y otros hijos que no he visto. Mi papá tuvo más hijos con otra mujer; Chembo y Mamota me dijeron que ellos vivían en La Romana, que está muy lejos de Guayabal, por el lado este de la isla Hispaniola.

Mi mamá se llamaba Querida, y mi papá, Tonton. Sé que ellos son haitianos porque recuerdo que, donde vivíamos juntos, hablaban kreyol. Lo que pasó fue que mi papá se enfermó, y los dos se fueron de Santo Domingo conmigo y mis hermanos a vivir en Boque Bánica en Haití. Entonces, llegamos a un lugar diferente a Guayabal, la comunidad donde yo crecí con Chembo y Mamota en República Dominicana.

En Haití, vivíamos en una casita de tierra; no teníamos cocina ni baño, así que preparábamos la comida en un lugar detrás de la casa y hacíamos nuestras necesidades en los bosques, pero me quedó poca memoria de esta época de mi vida. Yo sé de mis padres porque unos primos míos que los conocían me contaron algunas cosas más tarde en mi vida. Fueron ellos quienes me dijeron cómo eran: que mi mamá era una mujer linda con mucho cabello, el cuerpo lindo y la piel morena clara. Es por ella que mis hermanos y yo nacimos así, con piel más como su color, porque mi papá era un hombre negro. Mis primos no hablaron, ni sabían, tal vez, de sus personalidades, entonces no estoy segura de su forma de ser o de qué les gustaba hacer.

Mamota es haitiana también y vivía en Don Diego. Mi mamá biológica vivía en Boque Bánica cuando se conocieron. Los dos campos están cerca, entonces, ellas eran amigas desde la juventud. Mamota y Chembo decidieron criarme porque Mamota no daba hijos después de cinco años de estar casada con Chembo, y también porque vieron que, si me quedaba con mi mamá, yo iba a pasar mucho trabajo. Digo que iba a pasar mucho trabajo porque, como no tenía papá, sería difícil para mi mamá comprar comida, ropa, zapatos y pagar la escuela.

En Haití, si uno quiere que sus hijos vayan a la escuela, tiene que pagar dinero por cada uno de los niños, y mi mamá no iba a poder hacer todas esas cosas con nosotros tres porque no tenía quien la ayudara con nosotros. Ella no tenía familia en Boque Bánica, donde vivía; en cambio, nosotros, los niños, teníamos tíos hermanos y tías hermanas de nuestro papá, pero parece que ellos no podían ayudar a mi mamá a criarnos. Por eso, ella nos regaló a cada uno de nosotros. Estoy segura de que lo hizo porque no tenía cómo ni con qué criarme. Hasta ahora, no conozco a mi mamá biológica, pero mis padres verdaderos son Chembo y Mamota.

El último recuerdo que tengo de mi niñez en Haití es cuando enterraron a mi papá en el 2003. Yo era muy pequeña cuando eso pasó, pero un primo mío me dijo que antes de morir, mi padre tenía varias partes de su cuerpo acalambradas, no sentía los pies ni las manos, su barriga estaba hinchada, y que sufrió mucho. Yo lo siento mucho porque yo era pequeña y no pude ayudarlo ni llevarlo al médico.

Me gustaría recordar el rostro de mi papá, pero no recuerdo nada.

El día que vi que lo llevaban en un ataúd y que las personas iban llorando, yo también me puse a llorar. Cuando llegaron al cementerio, pusieron el ataúd en el suelo y me cruzaron encima de él. En Haití, algunas personas dicen que, cuando se muere una persona, sea una mamá o un papá, y el hijo es pequeño, lo tienen que cruzar por encima del ataúd para que el muerto se vaya en paz, y el espíritu no moleste al niño de noche.

No recuerdo dónde enterraron a mi papá, pero sé que

fue alrededor de donde él y mi mamá vivían, en Boque Bánica. No sé exactamente en cuál cementerio está enterrado, porque hay varios: a uno que lo quitaron; hay otro que está ahí, pero no lo usan porque se llenó, y hay otro nuevo que hicieron. En el nuevo sé que él no está enterrado, porque no hace muchos años que lo hicieron, y mi papá tiene muchos años de estar muerto. Tiene que estar enterrado en uno de los otros dos cementerios. No recuerdo más nada, entonces fue un tiempo corto después de eso que mi mamá me regaló a Mamota y Chembo.

Yo me imagino que mi mamá me entregó a Chembo y a Mamota con una buena propuesta para que me criaran bien como su verdadera hija, que no me maltrataran, y que me dieran una buena educación. También me imagino que en ese momento ella estaba en la mala, no tenía nada que darme de comer y no quería verme sufrir ni pasar trabajo en Haití. Porque para que una madre regale a un hijo tendría que estar en una situación muy difícil; no todas las madres dan o regalan a sus hijos por cualquier tipo de problema que tengan.

Cuando mi madre me regaló a Mamota y a Chembo, ellos no me adoptaron ni hicieron ningún trámite oficial. Solamente, mi mamá me llevó y me entregó a ellos dos. Hay muchas personas aquí, en República Dominicana, que no son los verdaderos padres de sus hijos; es que a veces los encuentran en la calle; otras veces, los padres de esos niños no los quieren o no pueden cuidarlos, y se los dan como si fueran un regalo. Para no botarlos, se los regalan al que los quiera.

La verdad, yo tuve suerte porque Chembo y Mamota me criaron bien. A mi hermanito, Abel, lo crio mi tío, hermano de mi papá, que vive en Puerto Príncipe, y a mi hermanita por parte de mi madre, Queridi, la cría una señora en Bánica, en República Dominicana, quien la trata muy bien hasta ahora. La única que pasó mucho trabajo y a la que maltrataron mucho fue Catalina, mi hermana más grande.

Yo tengo una tía que se llama Soleil, una hermana de mi papá que vive en Boque Bánica. Era con ella que me quedaba por un rato, porque algunas veces mi mamá se iba para algunos lugares y me dejaba con ella. Es por eso que cuando me entregó a Chembo y Mamota yo lloraba y decía que me quería ir para donde Soleil. Era uno de los hijos de ella el que me decía cómo eran mis padres y algunas cosas más cuando yo estaba en el campo. No me quedé viviendo con Soleil porque ella tenía muchos hijos y mi mamá decidió entregarme a Chembo y Mamota. Pero es más porque ella sabe cómo era (y todavía es) la situación en Haití y que en República Dominicana la situación es más estable. Ella vio que yo no iba a pasar hambre, no iba a pagar para poder estudiar e iba a estar bien en Guayabal con Chembo y Mamota.

Mamota conocía a mi tía Soleil antes de que yo fuera a vivir con ella. Incluso conoce a casi todos mis familiares, pero nunca me los presentó. Pienso que no quiso que conociera a nadie de mi verdadera familia cuando yo vivía con ella, porque tal vez pensaba que me iba a ir a vivir con ellos.

Me imagino que, si no me hubiera criado con Chembo y Mamota, y me hubiera criado con mi mamá, tal vez yo habría pasado hambre, habría andado caminando en todos los lugares, jugando con los demás niños, y no sabría leer ni escribir. Además, ya mi mamá tenía a mi hermana más grande y a mi hermano más pequeño, y una madre con tres niños sin padre, en Haití, pasa mucho trabajo, y toda la familia sufre mucho. Yo digo que si me hubiera criado en Haití tal vez habría sido así, porque he visto con mis propios ojos los trabajos y las calamidades que pasan los niños de Haití, y más si no tienen a su padre. Pero hay algunas madres que, si sus hijos no tienen padre, los crían como pueden y no los regalan a otra persona, como hizo mi madre con nosotros. Yo no me enojo con ella porque me regaló, porque lo hizo para que nosotros no pasáramos trabajo ni estuviéramos en cualquier lugar como muchos jóvenes.

Cuando yo era una niña como de cuatro años, y antes de que me mudara a República Dominicana, recuerdo que mi mamá nos había dejado al cuidado de mi hermanito pequeño a mí y a Catalina. Mi hermana se fue a jugar y me dejó sola con Abel, y a él lo mordió un perro que era grande, de color amarillo. El perro mordió a mi hermano en uno de sus testículos. Él estaba sentado en el suelo comiendo algo, y el perro lo mordió sin querer. Vio que mi hermanito había dejado caer comida en el suelo delante de él, entre sus piernas, y el perro fue a comérsela. Como mi hermanito estaba desnudo, al agarrar la comida, el animal lo mordió. Puede ser que, si mi hermanito hubiera tenido un pantaloncillo, tal vez el perro no lo habría mordido ahí.

Cuando le sucedió eso a Abel, yo también estaba jugando, pero no estaba tan lejos como mi hermana. Ella sí estaba lejos de nosotros dos. Mientras estaba jugando, escuché a mi hermanito llorar y fui corriendo a ver qué tenía. Cuando llegué lo encontré con sangre en su manito, y yo también me puse a llorar con él. No le hice nada al perro por morder a mi hermanito porque se fue corriendo.

Yo no tenía muchos conocimientos para cuidar a un niño porque era muy pequeña también, entonces no sabía qué hacer. Yo estaba asustada. Luego llegó Catalina, y ella lo cargó y lo bañó. Luego llegó mi mamá y se fue con él para el hospital de Bánica, en República Dominicana, porque vivíamos en Boque Bánica, que está ahí mismo, del lado haitiano del río, y no había un hospital más cerca. La verdad, yo no sé cómo mi mamá cruzó el río con mi hermanito, pero tal vez pudo hacerlo sobre un flotante que tenían algunos en Hato Viejo para cruzar gente entre los dos países.

Cuando ella llegó con Abel a Hato Viejo, del lado dominicano, un sobrino de Chembo que estaba trabajando ahí como motoconcho la llevó al hospital. Después que me mudé a vivir con Chembo, ese mismo sobrino me contaba cómo los doctores atendieron a mi hermano. Me dijo que mi mamá lloraba, asustada porque mi hermanito estaba perdiendo sangre, pero los doctores lo cosieron, le pasaron suero y luego lo despacharon para su casa. Cuando mi mamá llegó del hospital con él, le dio una pela a mi hermana mayor porque ella no tenía que dejarme sola con Abel. Mi hermanito estaba muy adolorido; de noche, él casi no dormía nada porque lloraba, pero no perdió ninguno de sus testículos y no tiene problemas hasta el día de hoy.

Después que mi mamá me entregó a Chembo y Mamota, como a los dos días de estar allá en su casa, recuerdo que estaba sentada en una silla y había varias personas sentadas ahí donde yo estaba. Esperé a que no me estuvieran mirando y salí corriendo para irme de nuevo a Haití, para la casa donde yo vivía. Cuando me levanté de donde estaba sentada y me fui corriendo, una sobrina de Chembo me vio y salió corriendo detrás de mí para agarrarme. Me alcanzó como a un kilómetro de distancia de la casa porque ella era grande y yo solo era una niña de cinco años; no podía correr más veloz que ella. Cuando me llevó de nuevo para la casa de Chembo yo me puse a llorar y a decir que me quería ir para donde mi tía Soleil, porque era ahí donde mi mamá me dejaba cuando salía a hacer algunas diligencias.

Pero, después, se me olvidó todo eso.

No recuerdo ni siquiera el rostro de Soleil de lo tan pequeña que yo estaba cuando me quedaba con ella. En los primeros días que mi mamá me llevó a vivir con Mamota y Chembo, ellos me compraron juguetes y unas chancletas nuevas para que yo me entretuviera, no quisiera irme, y me olvidara de donde había venido, porque estaba muy inquieta y no quería quedarme con ellos al principio.

Capítulo 2

Mamota nunca me dijo que mi mamá y ella eran familia. Lo que yo sé es que algunos de sus familiares y mis primos me han dicho que ellas eran parientes lejanas, pero otros dicen que eran amigas y que se conocían porque vivían cerca. No sé si Mamota no quería decirme la verdad para que yo no me acordara de mi mamá. Simplemente ella nunca me contó nada, tal vez porque pensaba que yo iba a buscarla. A ella no le gustaba que las personas me dijeran que ella no era mi verdadera madre.

Pero si ellas hubieran sido familia, yo creo que Mamota no me habría dado tantos golpes y maltrato como lo hacía. Tampoco le habría respondido a mi tío, que vive en Puerto Príncipe, que tenía que darle un saco de dinero por todo lo que ella había gastado conmigo. Esto pasó después que él supo que mi mamá me había regalado a ella, cuando le dijo a Mamota que me iba a buscar porque él era mi verdadera familia. Me sentí muy mal por eso que ella dijo, pero como yo era muy pequeña no me puse a pensar en nada de eso.

En algunas situaciones, cuando somos niños, no podemos decir ni hacer nada porque, si decimos algo, nos dan una pela, entonces debemos quedarnos en silencio. Chembo nunca me dio una pela porque él me quería mucho y todavía me quiere mucho. Me compraba ropa, zapatos, y nunca me maltrató, y yo le agradezco el cuidado que me ha dado. Él es una persona muy buena, nunca le hizo daño a nadie, y siempre se preocupaba por mí. Por eso lo quiero mucho.

    Si Mamota fuera familia de mi mamá, nunca me habría negado que buscara a mis hermanos, porque ella sabía dónde estaban y nunca me dijo nada. También me decía que mi única familia era la de ella y la de Chembo, y que si yo buscaba a mis otros parientes me iba a dar muchos golpes. Chembo nunca me habló de mi verdadera familia porque él tampoco quería que yo me fuera. Pero nunca habló mal ni me dijo que yo no podía conocer a mi verdadera familia, porque él sabe que me crio pero que no es mi padre biológico. Por un lado, yo le agradezco mucho a Mamota cómo me crio, pero por ella no conocí a nadie de mi verdadera familia cuando era más chica.

    Durante mi niñez, la gente de la comunidad de Guayabal decía que ella me daba golpes porque no tenía hijos. La verdad es que Chembo nunca me dio golpes, y se enojaba y discutía con Mamota cuando ella me pegaba. Incluso cuando yo era más pequeña, ellos siempre discutían por mí porque a Chembo no le gustaba que ella me diera una pela y porque ella me daba muy fuerte.

    Después de estar casi 20 años casada con Chembo, Mamota tuvo su primera hija, que se llama Manuela. Pero fue un año después que me fui de la casa.

    Antes de mudarse a República Dominicana, Mamota vivía en Don Diego con sus padres y sus hermanos. Chembo era de Guayabal, pero nació en Bánica de Elías Piña. Él negociaba chivos con un hermano de Mamota en Haití. Un día, ella fue con su hermano, Heley, al Río Artibonito a entregarle unos chivos a Chembo y fue entonces cuando él la conoció. Le preguntó a Heley si podía enamorarse de ella, y él le dijo que tenía que ir a hablar con sus padres. Chembo fue a preguntarles a ellos, y le dijeron que sí, que él podía casarse con ella. Mamota también estaba de acuerdo porque podía ver que Chembo era un buen hombre. Después, él les dijo a sus padres, que al principio no querían, pero luego, al tiempo cambiaron de idea y les dijeron que sí a los padres de Mamota.

Se casaron en Haití, en la casa de los padres de ella, y toda la familia de Chembo fue allá para la boda cuando pasó. Después que se casaran, la familia de Mamota la llevó a la casa de los padres de Chembo en Guayabal, quienes los llevaron a los dos montados en un caballo. Yo no vivía con ellos cuando todo eso pasó, pero me han hablado con mucho amor de su matrimonio.

Mamota y Chembo hasta ahora se quieren mucho y tienen 25 y pico de años casados. Yo soy su hija de crianza y Manuelita, que tiene cinco años de edad, es la única hija biológica que tienen los dos. Me tratan y me quieren como si yo fuera su hija biológica, pero Chembo más.

Elías Piña está a 194 kilómetros al oeste de Santo Domingo y es la provincia más pobre de República Dominicana. Su economía depende mucho de la agricultura y de las ventas de animales. La comunidad de Guayabal es un lugar pequeño y rural: es un campo donde no vive mucha gente, menos de 200 personas, y hay como 25 casas. Alrededor de la comunidad hay muchos árboles, bosques secos, conucos y tierras para que las personas trabajen. Antes, las casas eran de madera, paja, tierra y zinc, pero ahora la mayoría es de cemento, zinc y bloques. En este momento, las únicas casitas que son de zinc, madera y tierra son la mía y siete más, y algunas todavía tienen piso de tierra.

En el campo, el cielo es muy azul; el aire, fresco, y la temperatura, muy alta, porque República Dominicana es una zona subtropical. Allí llueve mucho durante la temporada de lluvia en primavera y verano, pero mayormente, en Elías Piña y otras provincias que no tienen selvas hace mucho calor con un clima muy seco.

La mayoría de las personas tienen árboles en el patio

de su casa para sentarse a tomar el fresco cuando la temperatura sube. Se sientan debajo de los árboles, y pueden conversar con sus familias y con las demás personas como las visitas, pueden jugar dominó, mirar a los vecinos, ver lo que pasa con ellos, y otras cosas para pasar el tiempo. También a los muchachos les gusta jugar donde hay árboles para así tener sombra.

La casa en la que nosotros vivíamos era de madera, estaba pintada de verde, con un techo de zinc y un piso de cemento. Ya estaba un poco vieja, porque era de la mamá de Chembo. Este tenía ocho hermanos (un varón y siete hembras), pero murieron tres de las hembras, entonces ahora le quedan cinco. Yo conocí a su mamá, pero no a su papá porque, cuando mi mamá me entregó a ellos, él ya se había muerto. A todos los hermanos que tiene Chembo, su mamá los crio en esa casa. Después de ser grandes, cada uno de ellos se casó y constuyó su lugar donde vivir, pero Chembo se quedó viviendo ahí.

Esa casa tiene una habitación amplia, donde caben tres camas, y una sala en la que uno puede poner todos sus trastes. Afuera tiene una cocina de madera con un fogón de 42 bloques y tres barros muy grandes. Ese fogón se lo hicieron a Mamota unas personas de la Iglesia católica de Bánica que vinieron a hacerles fogones a algunas personas que tenían su cocina afuera. También, la iglesia hizo unas letrinas en la comunidad de Guayabal para la gente que no tenía. A los que tenían las letrinas viejas, que ya estaban llenas, les hicieron unas nuevas también. Todo ese trabajo ocurrió cuando yo tenía más o menos diez años; antes íbamos a la letrina de una hermana de Chembo o al bosque para hacer nuestras necesidades y nos bañábamos en el río.

Para la letrina, tuvimos que buscar la arena, hacer el hoyo y nada más, y de las demás cosas se encargaba la iglesia. Mamota y yo cargamos la arena en nuestras cabezas con una cubeta; fueron como cinco porque no era mucha arena. La buscamos en un bosque cerca del río, donde hay mucha. Ese lugar está un poco retirado de la casa; no cargábamos tanta porque pesa mucho, pero la buscábamos de chin a chin. Mamota le pagó a un haitiano para que le hiciera el hoyo de la letrina de 15 pies de profundidad. El hombre duró tres días para hacerlo. Tenía a una persona que había llevado para que lo ayudara, él picaba y el otro sacaba la tierra con una soga amarrada en una cubeta. Después, el padre de la iglesia trajo a las personas que las iban a terminar, y las hicieron para nosotros y otra gente de la comunidad.

Después que el padre de la Iglesia católica de Bánica les hizo las letrinas a las personas de la comunidad de Guayabal, todos estaban contentos porque tenían un baño nuevo. Chembo, Mamota y yo también estábamos muy felices porque teníamos nuestro propio baño. No tendríamos que usar la letrina de la hermana de Chembo ni tendríamos que ir al bosque a hacer nuestras necesidades.

El trabajo de Chembo y Mamota era negociar chivos y trabajar la tierra. Ellos vendían 80 chivos en menos de un mes y descosechaban 12 o 13 sacos grandes de maní, y seis o siete de maíz cuando llegaba el tiempo a recoger. Hasta ahora eso es lo que hacen, pero no es igual que antes: ahora venden cinco o seis chivos porque una vecina se los vende con los demás chivos suyos, y solamente descosechan siete u ocho sacos de maní y tres o cuatro de maíz.

Algunas veces, Mamota ponía un puesto de fritura para vender empanadas de huevos, vegetales, jamón, plátanos fritos y carne frita. Pero cada vez tuvo que dejarlo porque las personas le compraban fiado y duraban desde 15 días y hasta un mes para pagarle, y el negocio se le caía. Ella es una de las personas que a cualquiera que le vaya a comprar fiado, no le dice que no puede venderle.

En Elías Piña, muchas personas negocian los chivos, las vacas y los caballos, y hay mucha gente que es muy trabajadora. Los dominicanos en esa zona fronteriza compran los caballos y las vacas en Las Matas de Farfán, que está a casi 40 kilómetros de Guayabal, y los venden mayormente en Haití. Estos dominicanos pasan mucho trabajo porque todas las semanas se van desde las cinco de la mañana en sus camiones del campo y regresan a las tres o cuatro de la tarde a sus casas. Van al palan, compran las vacas o los caballos, y los suben en el vehículo para llevarlos a Guayabal o a Pilón, otro campo fronterizo que está a tres kilómetros de Guayabal por la Carretera Internacional. Luego, los dueños que hacen el negocio tienen que bajarlos otra vez. Pero eso no es todo: a veces hay algunos animales que no quieren subirse en los camiones porque son bravos, y los hombres tienen que amarrarlos con dos sogas para meterlos. Algunos se acuestan en el camión y, cuando los van a poner de pie, no se quieren levantar. Entonces los dueños tienen que hacer mucha fuerza, por eso también les pagan a algunos muchachos para que los ayuden. Ellos les amarran dos o tres juntas para que no corran y no se les pierda ninguno.

Los haitianos les venden los chivos a los dominicanos en Elías Piña y también pasan mucho trabajo. Ellos van a comprar los chivos para los palanes (lugares donde venden todo tipo de animales en los mercados como chivos, cerdos, vacas, ovejas, caballos y burros) en distintas áreas en Haití. Cuando una persona va a comprar, no tiene que preguntar mucho porque puede ver el animal. Solo tiene que decir el precio con el dueño del animal y, si los dos están de acuerdo, la persona consigue comprar, le paga el dinero al dueño, y luego se va con el animal o los animales. Los haitianos que hacen este trabajo salen a las cuatro de la mañana de sus casas y a veces se les dañan los vehículos, y comienzan a caminar con los chivos. Si no tienen vehículo, van a pie todo el camino para entregar los chivos a los dominicanos. Muchos de los animales se cansan y no pueden seguir, así que los muchachos tienen que cargarlos en sus hombros. Muchos se les mueren, se les ahogan con el calor, y los dueños tienen que venderlos por un precio muy barato y pierden mucho dinero.

Los dominicanos de la comunidad de Guayabal que negocian chivos se los compran a los haitianos. Luego, los dueños le pagan a alguien para que los haga cruzar el río. También, los dominicanos van para Haití al palan de los chivos, los compran, y luego le pagan a un camionero para que los traiga cerca del río o caminan con ellos, dependiendo de la distancia. Cuando llegan, le pagan a alguien que les cruce el río o lo intentan solos. Hay personas allá, en Haití, que también los cruzan porque el río puede estar hondo, aunque los chivos saben nadar muy bien.

Para cuidar a estos animales, los dominicanos los trasladan a sus conucos y les llevan agua. Cuando llevan a los chivos a comer, si los dejan sueltos en el conuco se quedan a atenderlos; si los amarran, no hace falta, y solo van a vigilarlos para ver cómo están o si no se han soltado algunos. Si el conuco está lejos de la casa de los dueños, no los dejan solos porque se los pueden robar. Al contrario, si el conuco está cerca, pueden dejarlos porque, como están siempre vigilándolos, no se les van a perder ni se los van a robar. En la tarde los van a buscar, los cuentan y los trancan en las pocilgas.

Cuando llevan los chivos a comer, los amarran con una estaca, que es un palo que uno corta, le hace una punta fina y lo clava en el suelo. Luego amarra bien al chivo ahí para que no se suelte y no se pierda, porque se pueden ir a caminar con los animales de las personas de la comunidad que están sueltos en la sabana.

En mi caso, yo siempre ayudaba a Mamota y a Chembo a cuidar los chivos cuando iba a la escuela por la mañana.

Me levantaba temprano, fregaba los trastes, luego llevábamos a los chivos para el conuco y los amarrábamos. Después me bañaba, me vestía, y me iba para la escuela. Cuando volvía a las 12 del mediodía, me quitaba la ropa, comía, descansaba un poco y hacía la tarea. Cuando terminaba, fregaba los trastes, y luego nos íbamos a buscar los chivos para llevarlos a la casa y dejarlos en la pocilga.

En Guayabal, los que venden chivos son una hermana y un hermano de Chembo, un sobrino y una vecina. La hermana de Chembo sabe vender hasta 100 chivos en un mes, al igual que el hermano; el sobrino, 50, y a veces 60 chivos, y la vecina llega hasta 200. El hermano no le vende chivos al mismo comprador que los demás; va a Las Matas de Farfán a venderlos en el palan y, si no se los compran, los vende en La Capital a las personas que tienen carnicería de chivos.

Tanto la hermana de Chembo como la vecina y el sobrino le venden los animales al mismo comprador. Hay un señor que viene de Santiago a comprarles chivos a las personas que los venden en Guayabal y los venden matados por libras en las carnicerías de Santiago. Cuando este hombre viene a comerciar, dice un precio, y luego, la familia vendedora ayuda a subirlos en el camión o le pagan a una persona para hacerlo. Los chivos quedan parados sueltos dentro del camión porque este tiene dos partes, una arriba y otra abajo; si no caben todos, los atan en los lados con las cuatro patas bien amarradas para que no se suelten. Hay muchos campos en Elías Piña donde crían y venden chivos.

Cuando yo vivía con Chembo y con Mamota, casi no pasábamos hambre porque, al principio, siempre había chivos que negociar y dinero para hacer compras en el mercado. Pero llegó un tiempo en el que íbamos a comer a la casa de una hermana de Chembo porque él debía mucho dinero del negocio de los chivos. Había tomado prestado para seguir negociando, y entonces se le hizo un lío de dinero; en total debía como 150.000 pesos. Para pagar la deuda tuvo que vender todos los animales que tenía, y también recibió ayuda de su familia para pagar una mitad. En ese periodo, pasamos algo de hambre, pero no tanto porque Chembo dejaba de comer cualquier cosa para dármela, y también sus hermanas nos mandaban comida. Pero uno casi no comía por estar pensando cómo iba a pagar la deuda. Yo me ponía triste cuando veía a Mamota y Chembo pensando y sin comer por esa razón, porque sé que es muy duro cuando una persona debe dinero y no sabe de dónde lo va a sacar. En ese momento, yo tenía 12 años y sabía lo que era bueno y lo que era malo.

Los oficios que yo hacía cuando vivía con Chembo y Mamota eran fregar los trastes, lavar mi ropa y alguna de ellos dos, limpiar la casa, barrer el patio, cocinar algo para Chembo y para mí si Mamota no estaba en la casa. En República Dominicana es común cocinar arroz, habichuelas, guandules, carne, vegetales, yuca, plátanos, frutas. También comemos mangos, aguacates, cerezas, guayabas, melones, lechosas, y muchas cosas más. Además, ayudaba a Mamota a preparar las cosas de la fritura. Y mientras hacía todo esto, tenía que atender mis estudios de la escuela.

    La verdad es que cuando mi mamá me entregó a Chembo y él me inscribió en la escuela, al principio yo no jugaba con ninguno de los demás alumnos porque no sabía hablar muy bien el idioma español, y también porque tenía miedo de que ellos pelearan conmigo. Por eso me sentaba sola aparte, y con los únicos que jugaba era con los sobrinos y las sobrinas de Chembo, que yo los conocía. Algunas veces peleaban conmigo, pero yo no les decía ni hacía nada porque incluso a ellos les tenía miedo. Ya después de vivir varios años con Chembo no los temía a ninguno de ellos. Recuerdo que las sobrinas de

Chembo me enseñaban cómo hablar el idioma español y jugaban conmigo. No sé si se burlaban de mí cuando no sabía decir alguna palabra, no recuerdo muy bien ese tiempo. Creo que sí se burlaban de mí porque muchos del campo se ríen de cualquier niño haitiano que llega y no sabe hablar español.

    Los días de escuela que tenía clases en la tarde, salía con Mamota por la mañana al conuco, a la una volvía para la casa a bañarme, y luego iba para la escuela. Un día, cuando yo tenía ocho años, estaba ayudando a un sobrino de Chembo a agarrar un ovejo de su papá que la hermana de Chembo se lo iba a vender. Un animal puede ser muy poderoso contra un niño o una niña que intente controlarlo. Mientras yo estaba agarrando el ovejo, este vio que no iba a poder escapar y brincó encima de mí. Yo me caí al suelo, pero no lo solté, y me dio un golpe en la cabeza. Mi cara se hinchó y me salía sangre por la nariz. Casi no grité por el golpe, porque yo aguanto mucho y tampoco lloro por cualquier cosa. Creo que no lloro mucho porque puedo soportar el dolor que sienta, pero cuando pasa algo triste o se muere una persona, aunque no sea mi familia, yo lloro. Aunque no quiera, incluso cuando estoy mirando la tele y veo que una persona se muere, y los demás están llorando, se me salen las lágrimas porque me da pena. Pero la verdad es que me conduelo y siento por los demás, y no me gusta ver a nadie sufrir.

Capítulo 3

En los campos faltan muchas cosas como trabajo, hospitales, clínicas, liceos, escuelas adecuadas, recursos, vehículos para transportar a los niños a las escuelas, tiendas, mercados, recursos para las personas pobres y también calles arregladas. La carretera de Sabana Cruz (que es el primer campo cuando se llega a los municipios de Bánica y Pedro Santana) hasta Guayabal es totalmente de tierra y piedras. Hay mucho lodo y polvo. A veces se pone muy mala, y cuando la Junta no la arregla para llenar los hoyos que se forman, o cuando llueve mucho, los vehículos casi no pueden transitar porque está muy resbaloso y no es muy seguro. Cuando hay mucho lodo, a la gente que anda en moto o detrás de una yipeta se le ensucia la ropa con tierra y polvo. Uno se siente muy incómodo por las piedras porque hacen saltar mucho a las motos. Ese es el único camino para llegar a Guayabal, entonces, no hay otra opción para evitarla. Cuando ocurre una emergencia, puede ser muy difícil llegar a tiempo si uno no tiene un vehículo personal, porque no hay taxis ni servicios de transporte.

En la comunidad de Guayabal hay muchos bosques con árboles de bayahonda, caoba, neem, chácaro, guayacán, jabilla, bambú, jojoban, tamarindo, y otros más. También hay muchos animales como cerdos, caballos, asnos, vacas, chivos, ovejos, gallos y gallinas, pero todos tienen dueño o dueña.

La escuela primaria está ubicada en el medio del campo; ahora llega hasta sexto grado. Hay un cuartel que está al frente de la escuela, y todos los que transitan en Guayabal deben pasar delante de los militares porque solo hay una carretera que corre a través de la comunidad. Hay dos iglesias, una católica y una evangélica, y son pequeñas. Hay un acueducto y cuatro colmados donde uno puede comprar elementos básicos para comer o cocinar, funditas de jabón para lavar, unas bebidas y algunas otras cositas. También hay una discoteca pequeña que tiene un colmado con patio y techo donde la gente puede beber y bailar. Algunas personas venden unas bancas de jugar lotería, pero aparte de las casas, no hay nada más. No hay un parque ni un lugar comunitario donde la gente se pueda convocar para discutir temas importantes. Siempre las reuniones se han hecho en la escuela. Cuando hay elecciones, se vota también allí.

Para encontrar una bomba de gas, un hospital o clínica, o una farmacia pequeña, es necesario viajar a Bánica o Sabana Cruz, que están situadas a varios kilómetros de Guayabal. Todos los jueves y los domingos hay un mercado en Bánica donde uno puede hacer las compras, y allí puede conseguir ropa de paca que los vendedores compran en sacos. Aquí en República Dominicana, específicamente en Elías Piña, hay muchos lugares que hacen pacas de ropa usada para venderlas, y hay muchas personas que compran las que vienen de distintos países. Gran cantidad viene de los Estados Unidos. Las pacas traen prendas usadas, pero también hay algunas que son casi nuevas. Es ropa que ha sido donada o vendida barata en los países ricos; la mandan en grupos separados por calidad y tipo, y los vendedores la venden a las personas individuales. Estas pacas pueden tener variedad de precios: hay de 3.000 pesos, 5.000, 8.000, 12.000, y de cuanto uno quiera, porque tienen diferentes cosas. Hay de ropa, sábanas, toallas, cortinas, zapatos, y muchas cosas más; uno compra de lo que quiera.

Recuerdo que cuando yo vivía con Mamota, ella compró una paca en Comendador, la capital de Elías Piña, para negociar. Era una paca con todo tipo de ropa por 5.000 pesos y tenía cosas muy buenas. Así venían hace mucho tiempo, pero ahora venden unas pacas a 5.000 pesos que no traen casi nada de ropa buena. Cuando Mamota consiguió esa paca, la vendió en su casa en la comunidad de Guayabal a todas las personas que quisieron comprar. Primero la abrió en su casa. Los paquetes de ropa vienen envueltos en funda blanca o plástico, bien sellados, y traen mucha cantidad porque los paquetes son grandes. Luego le dijo a la gente de la comunidad que vendía ropa, así que fueron y le compraron la ropa que les gustó. Ella recuperó todo su dinero, e incluso ganó un poco más. Mamota me dio una falda, un pantalón blanco, otro chin azul y tres blusas; a Chembo le dio tres bermudas, y tomó dos faldas largas y dos blusas para ella. Cuando compró la paca, no le dio ropa a nadie más, y después no ha vuelto a comprar.

En Elías Piña, si uno va para Haití tiene que cruzar el río, y si viene para República Dominicana, también. Cuando está muy crecido, muchos lo cruzan en canoa o en tubo, pero también pueden cruzarlo nadando o caminando si está bajito. La gente que va a negociar para el mercado de Bánica o Las Matas de Farfán, tiene que cruzarlo obligatoriamente, entonces, le pagan a alguien más para que los cruce. Hay un puente en Pedro Santana, pero está bastante lejos de los campos; también hay militares que piden papeles u otras cosas. Los militares sospechan que los haitianos no van para el mercado si no llevan mercancías para vender o si llevan bultos grandes. Cuando ellos ven a los militares, a veces se asustan; desde que los ven asustados, de una vez les piden sus documentos; y si no lo tienen los devuelven o les quitan algo de dinero, problema resuelto, y los dejan pasar. No todos los militares hacen eso, solo aquellos a los que no les importa nada por ganarse su dinero.

Si los haitianos que negocian en el mercado de Bánica no tienen documentos, los dejan pasar porque ese mercado es binacional; no van a quedarse. Los haitianos cruzan el Río Artibonito porque prefieren comprar en Bánica en lugar de Haití; faltan muchos recursos y mercancías en su país. Compran muchas cosas que aquí se consiguen baratas y allá las venden muy caras, como los pollos, el arroz, y algunas cosas más. Otro beneficio por negociar en República Dominicana es que el dinero les rinde más: allá en Haití venden las cosas por *gourdes* haitianos y no los cambian, pero cuando venden en el mercado de Bánica por cuarto dominicano, pueden cambiar el dinero. Siempre hay muchas mujeres haitianas que vienen a los campos dominicanos a vender aguacates, mangos, pan, dulces, mantequilla de maní, y algunas cosas como ropa, zapatos, chancletas, sábanas y cortinas.

Los dominicanos que negocian en el mercado de Bánica vienen de diferentes lugares como Comendador, Las Matas de Farfán, Hondovalle, Rinconcito, Guayabal, Pilón, Guaroa, Pedro Santana, y del mismo lugar, a vender muchas cosas como víveres, ropa, objetos para la casa, muebles, verduras, carne y otros elementos más.

La mayoría de los consumidores que asisten son de los campos cercanos a Bánica, porque muchas personas en esa zona de Elías Piña van a Las Matas de Farfán, donde el mercado es mucho más grande o está más cerca. Es un pueblo con varios negocios, bancos y un supermercado. Allí hay una fortaleza y un palan de vender animales. Hay hoteles pequeños y uno que tiene piscina donde la gente puede organizar fiestas o bodas. Algunos chinos tienen negocios de pica pollo. También hay gimnasio, canchas, muchas fábricas, talleres de arreglar vehículos, parques y plazas lindas. Es uno de los lugares más desarrollados en la provincia.

Cuando uno va para Las Matas de Farfán en los camiones o en las guaguas, los militares paran los vehículos en todos los puestos para chequear y ver si no llevan algunas mercancías ilegales como ajo, drogas, u otras. También averiguan si vienen haitianos sin documentos para La Capital. En algunos casos, el chofer o la persona puede pagar un soborno y los dejan pasar.

En los campos de República Dominicana hay muchos conucos, y uno de los trabajos más comunes en la provincia de Elías Piña es la agricultura. Es una zona tan seca que no se puede sembrar cualquier cosa. Los campesinos que hacen ese trabajo cultivan cebolla, maní, guandules, maíz, yuca, y algunas cosas más. Muchos venden sus cosechas por kilo, pero también van a los mercados a comerciar. Hay mucha tierra para sembrar y muchos conucos para trabajar, pero tampoco hay muchas más opciones, entonces algunos están obligados a cultivar para sobrevivir.

En la frontera, los dominicanos y los haitianos dependen mucho de la industria agrícola. La mayoría de haitianos vienen a trabajar echando mañanas y días repasando, despalillando y arrancando maní en los campos de la frontera en Guaroa, Pilón, Guayabal, Hato Viejo y Sabana Cruz. A veces salen de sus casas en Haití a la seis de la mañana y regresan a las siete de la noche. Hacen el día de trabajo por 300 o por 500 pesos y el medio día por 150 pesos, pero si es algo muy esforzado, lo hacen por un precio caro y saben durar varios días para terminarlo. En el campo hay muchos dominicanos finqueros que aprenden a hablar algo en kreyol para comunicarse con los trabajadores. Los que son buenos les dan comida para el almuerzo, que puede ser arroz o greña vacía. En muchos casos, los dominicanos precisan gente que quiera trabajar en los conucos, y los haitianos necesitan ganar dinero, entonces por eso se hace ese trabajo. La relación funciona bien mientras los dueños dominicanos no maltraten a los trabajadores haitianos.

Yo conozco a un señor muy trabajador llamado Pedro que vive en Guayabal. Él tiene un conuco en esa comunidad y todos los días va para ver si los animales no entraron a comer nada. Porque cuando los animales entran, maltratan los cultivos. Muchas cosas, como el maní y la yuca, cuando uno la siembra, tiene que estar siempre pendiente por los animales, porque les gusta comérselas. Si ellos entran, es porque el cercado está abierto; pero si está bien cerrado con empalizadas, los animales no se meten a comer las yucas u otras cosechas. Pedro trabaja muchas cosas diferentes; cuando descosecha lo que sembró, les vende a los camiones que van a comprar víveres.

En República Dominicana, muchas personas maltratan a los animales como los chivos y los cerdos porque esos dos animales son a los que más les gusta entrar a los conucos. Hay gente que no piensa que los animales sientan como nosotros, las personas; sí sienten, por más que no tengan tantos conocimientos como nosotros y no puedan hablar. Una mujer de Guayabal, Yosin, criaba muchos cerdos. Ella tenía un vecino que siempre les daba muchos golpes a algunos cerdos de ella que entraban a su conuco, e incluso un día le partió la pierna a uno con una pedrada. Yosin no pudo hacer ni decir nada porque el cerdo no tenía garabato en su cuello. Un garabato es una olqueta que uno hace con palos, y se la pone a los chivos y a los cerdos para que no entren en los conucos ajenos. Que no tuviera garabato no le daba derecho a él de partirle una pata a ese pobre animal; los animales son como los niños, que siempre están peleando y luego están juntos de nuevo; son así. Aunque uno los saque del conuco, si no tienen garabato, vuelven a entrar porque no saben lo que hacen, no como nosotros. Los dueños tienen que arreglar la póliza de los conucos y ponerles garabato a los animales, así no tendrían problemas con ningún vecino.

Cuando yo era niña, algunas sobrinas y sobrinos de Chembo y

Mamota y yo nos íbamos a los conucos y los bosques a buscar mangos para venderles a los camioneros que iban a comprarlos para Guayabal. Esos camiones eran de Las Matas de Farfán, San Juan, Comendador, y a veces venían de Santo Domingo a comprar en todos esos campos como Bánica, Sabana Cruz, Hato Viejo, Guayabal, Pilón y Guaroa para vender después en varios lugares. No éramos solamente nosotros los que buscábamos mangos para vender. Casi todas las personas del campo hacían lo mismo también. Los camioneros llegaban y nos decían cuándo iban a regresar a comprar los mangos, entonces nosotros el día anterior a su regreso íbamos a buscarlos. Conseguíamos unas cubetas y las colgábamos para llevarlas a la casa. Tomábamos los mangos que estaban más pintados, que significa que están un poco verdes y un poco maduros. Los buscábamos así para que no se rompieran ni se pusieran muy blanditos, porque si están así, nadie los compra. Nos compraban los mangos a un peso, y nosotros les vendíamos hasta 500 en un solo día. Pero pasábamos mucho trabajo para llevar esas cubetas llenas sobre nuestras cabezas. Solamente vendíamos cuando era el tiempo de mangos y había muchos. No pasábamos tanto trabajo para tumbarlos porque algunos jóvenes se subían a los árboles y se encargaban de eso. La lucha era solo llevarlos.

Nosotros vendíamos mangos cuando necesitábamos el dinero para comprar comida y cosas, y Chembo también lo hacía porque él fumaba y siempre le gustaba tener algo de dinero en sus bolsillos para comprarse cigarrillos. Antes, Chembo se divertía mucho: fumaba muchos cigarrillos, bebía alcohol e iba a fiestas en la gallera. También se entretenía mucho con sus amigos y familiares que viven en La Capital. Cuando ellos iban al campo, salían a divertirse, pero después que él tuvo problemas del corazón, dejó de beber alcohol y de fumar. A Mamota solamente la he visto divertirse en su iglesia, porque ella no bebe alcohol, no fuma ni tiene ningún tipo de esos vicios. Hasta ahora, ella siempre ha sido así. Del dinero que yo ganaba por los mangos, si eran 200 pesos, tomaba 50 y le daba los otros 150 a Chembo. Con la parte que me quedaba, compraba cosas dulces y las compartía con una hija de un sobrino de Chembo. Nosotros vendíamos los mangos no solo para ganar un poco más de dinero, sino también para entretenernos haciendo algo y no estar sentados en el campo todo el tiempo.

Un día fui con Henrietta, la mujer de un sobrino de Chembo, a un conuco a buscar mangos, y una muchacha llegó y empezó a tirar piedras. Lilliana, la muchacha, les tiraba piedras a los mangos que estaban en el árbol porque eran muy altos y ella no se podía subir a tumbarlos. Henrietta le dijo que dejara de hacer eso porque andaba con un niño, pero Liliana no escuchó y siguió tirando piedras, que eran grandes y pesadas. De repente, una de las piedras no cayó lejos, sino donde yo estaba; se le zafó y me dio en la frente. Después que me dio la pedrada, se fue corriendo para su casa muy asustada, y yo llegué a la casa con mi ropa manchada y botando sangre de la frente. Lilliana no me dio la pedrada a propósito, fue sin querer. Pero si ella hubiera escuchado cuando Henrietta le dijo que no tirara piedras, tal vez no me habría dado esa pedrada. Yo la conocía y hasta sabíamos jugar juntas porque ella era hija de la mujer de otro sobrino de Chembo (pero el sobrino de Chembo no era su padre). Cuando Mamota me vio, se asustó y me preguntó quién me había hecho eso, y yo le dije que había sido Lilliana. Mamota se enojó y fue a discutir con la mamá de ella.

Mientras, las personas me preguntaban si no me dolía, porque yo no estaba llorando; les dije que sí, que me dolía, pero que soportaba el dolor. Luego Mamota le pagó a un vecino para que me llevara en su moto, y una sobrina de Chembo me llevó para el hospital de Bánica. Cuando llegué, me limpiaron la herida, me cosieron y me dieron cuatro puntos. Hasta ahora tengo esa marca en mi frente.

Capítulo 4

Recuerdo que cuando mi mamá me entregó a Mamota, yo sabía hablar un poquito el kreyol, pero como era muy pequeña, luego se me olvidó. Después, en República Dominicana, me hablaban en español, y yo casi nunca hablaba kreyol con nadie, ni siquiera con Mamota. Cuando tenía como diez años, comencé a practicar kreyol de nuevo y aprendí los nombres de algunas cosas como cuchara (*kiyé*), plato (*feso*), silla (*chéz*), mesa (*tab* o *biwo*), ropa (*rad*), agua (*dlo*), candela (*dife*), lavar (*lave*), fregar platos (*lave feso*), bañarse (*benyen*), peinarse (*peny*), bailar (*danse*). Pero todavía no sé leer ni escribir muy bien en kreyol. Todos esos nombres los sabía porque eran cosas que me mandaban a hacer o a buscar, y yo iba. Pero si alguien hablaba conmigo en kreyol, no entendía nada de lo que me decía.

Después que mi mamá me entregó a Chembo y Mamota, se fue y volvió luego de algunos meses; me trajo un bolón y una masita guineo, la cual es una masa de harina de trigo que se hace como el pan y se le echa azúcar y el guineo. Fue a visitarme para ver cómo estaba, cómo me portaba con Chembo y Mamota, cómo me trataban, si yo estaba bien o si estaba mal. Ella no estaba solo paseando, porque no conocía a ninguna otra persona de la comunidad de Guayabal. Simplemente fue a visitarme para ver si yo estaba bien. Ese día yo me había puesto muy feliz porque pensé que me había ido a buscar, pero no fue así, y me puse a llorar porque se había marchado de nuevo.

No recuerdo si me abrazó ni nada.

Yo hago oraciones por todos los niños huérfanos, y pido a Dios que los cuide dondequiera que estén. La verdad, yo estuve muy triste los primeros días luego de que me entregara a Chembo y Mamota, y no quería quedarme con ellos. Pero después de varios meses, ya no recordaba a mi mamá. Se me olvidó su rostro, y hasta ahora no la recuerdo. Desde que era una niña, siempre he llamado a Chembo "papi" y a Mamota "mami", y sigo llamándolos así. Nunca los he llamado por su nombre.

El nombre real de mi mamá es Hedrin, pero Querida es su apodo. Después que entregó a mi hermano, a mi hermana mayor, y a mí, se fue a vivir a Bánica, en República Dominicana, y trabajaba con la mujer que cría a Queridi, mi última hermanita de madre. Esa señora se llama Sonia y fue quien le puso su nombre. Ella me dijo que conoció a mi madre, mientras andaba buscando trabajo, y el papá de mi hermanita se la presentó. En ese entonces, mi mamá estaba embarazada del señor, y Sonia la aceptó, le dio trabajo y donde vivir. También me contó que cuando Queridi tenía un año y medio, nuestra mamá se fue y nunca volvió. Por eso, ni ella ni mi hermanita saben nada de ella hasta el día de hoy.

La verdad es que yo quiero conocer a mi mamá verdadera, pero no sé dónde buscarla porque no sé nada de ella. Todos los que la conocen dicen eso mismo de ella. Sonia me lo dijo, y ella sabe más de mi mamá porque trabajaba en su casa. El papá de mi hermanita también me contó que ella es una persona que no tiene todo su juicio, que a veces se ponía a discutir y a hablar sola, que en ocasiones él le hablaba, pero era como si no hubiera nadie porque ella no le hacía caso.

Si yo tuviera una foto de ella, la publicaría en Facebook para ver si la encuentro y para saber si está viva o muerta.

Yo sé que Dios nos tiene que hacer conocer a nuestra madre. Conozco a una mujer aquí, en República Dominicana, que no conocía a su mamá desde que era una niña. Después de tener tres hijos y de cumplir como 23 o 24 años de edad, la encontró a ella y a otros hermanos que no conoce. Su mamá no tenía ningún problema de salud mental, pero la mía sí; eso me han dicho. En los campos no es muy común que, si una persona tiene problemas de salud mental, vaya a un psicólogo, porque allí no hay ese tipo de doctor. Tendrían que llevarla a Santo Domingo, u otra ciudad poblada, donde están todos esos doctores. La verdad es que si yo la encontrara y ella todavía siguiera mal, la llevaría al médico a consultarla para saber qué tiene realmente; pero como ella no aparece, no puedo ayudarla ni darle nada.

Algunos abuelos crían a sus nietos si quedan huérfanos muy pequeños. En esos casos, la abuela los cría como si fueran sus propios hijos. Pero la verdad son sus segundos, porque son hijos de su hijo o hija. Hay abuelas que no cuidan ni tampoco atienden a sus nietas o nietos porque dicen que ya criaron a la madre y que no van a hacerlo otra vez con los nietos. He escuchado a muchas abuelas decir eso, y algunas tienen razón porque hay madres que tienen hijos y después no quieren sentarse a atenderlos. Quieren estar como antes, andar de fiesta, amanecer fuera de la casa y hacer lo que quieren, pero no es así cuando uno tiene hijos. Uno debe atenderlos porque es su responsabilidad. Cuando tenga nietos, los cuidaría si la mamá o el papá no están o si tienen que hacer una diligencia. De lo contrario, ellos tendrán que atenderlos porque ese es su deber: criarlos y cuidarlos, y asegurar los documentos de nacimiento si puede. Mi mamá no cumplió ninguna de esas responsabilidades.

  Chembo, quien tiene ciudadanía en República Dominicana, cuando yo tenía once años de edad, dijo que él me iba a declarar con su sobrina María. Era un poco pequeña, pero lo recuerdo, como a casi todas las cosas que me pasan. He visto a muchas personas a las que les ocurren muchas cosas y se les olvidan de una vez, pero a mí no, tengo buena memoria. María vivía en Santo Domingo, pero estaba haciendo los trámites de sus papeles para viajar a España. Ella pensó que le iba a tomar mucho tiempo, pero no fue así.

Antes vivía con una hermana suya en Suiza, donde se encontró a un español que se casó con ella, y luego se fueron a vivir a España. Hasta ahora vive allá, pero a veces viene a visitar a su familia a Guayabal. Algunas familias aquí quieren que un integrante emigre a otro país porque, aunque en República Dominicana hay trabajo, en otros países es posible que les paguen mejor, por hora, y que cuando manden dinero para República Dominicana les rinda más. También es para poder salir adelante. Muchos dominicanos emigran, tienen sus papeles, viven en otra parte y pueden ayudar a su familia en la isla.

María dijo que sí, que podía declararme, pero que tenían que hacerlo pronto porque en cualquier momento se iría para España. En ese momento, María tenía 35 años de edad, pero me podía declarar porque tenía otros hijos mayores que yo. Un día que ella fue al campo a buscar una cosa, mientras estaba sentada debajo de un árbol con algunas hermanas y sobrinas de Chembo, él le preguntó si iba a poder declararme como habían acordado. Lamentablemente, antes del día de declararme, tenía que viajar a España, entonces no cumplió el compromiso.

No iba a hacer falta que fueran a declararme a Santo Domingo porque hay una Junta de Bánica donde los dos me iban a declarar. Creo que si ella y Chembo hubieran hecho el trámite en ese momento, hubiera sido fácil porque las cosas antes no eran igual que ahora. Tal vez les habrían entregado el acta de nacimiento en una semana, pero ahora uno tiene que esperar algunos meses, e incluso años. La verdad es que ya no es igual que antes; las cosas son muy diferentes.

La ley que siempre ha estado aquí en República Dominicana es que desde que el niño nace, su padre y su madre tienen que declararlo en el mismo hospital antes de que les den de alta, porque si no lo hacen ese día y pasan tres meses, ya pasa a ser una declaración tardía, y es mucho más difícil después.

Mucha gente ha declarado niños que no eran suyos; a veces son hijos de sus familiares o de una persona que no tiene documento, entonces le paga a alguien para que le declare a su hijo. Antes muchos declaraban a los haitianos como sus hijos, pero ahora no, porque las leyes cambiaron. Todavía hay personas que lo hacen, pero no tanto.

Mientras María y Chembo conversaban debajo del árbol, otra sobrina, Patricia, dijo que ella iría a declararme con Chembo porque María no podía. Pero algunas semanas después, cuando llegó el día de ir a la Junta, Patricia dijo que no, que ella "no iba a declarar a ninguna haitiana del diablo", y por eso hoy no estoy declarada. La verdad, no sé por qué Patricia no quiso hacerlo, porque yo nunca le hice nada malo; al contrario, siempre iba y le fregaba, le trapeaba y la ayudaba a lavar ropa. Nunca me imaginé que cuando llegara el día de declararme, dijera eso. Lo que hizo significa que no tiene compasión por otras personas, ni por su tío, que es Chembo, porque aquí, en República Dominicana, si uno no tiene documento no es nadie; y no solo aquí, en todo el mundo también.

En este país hay muchas personas que tienen niños haitianos de 12 o 13 años de edad que viven con ellos. En Haití, hay muchos niños y niñas que están en el sistema *"restavek"*, palabra que viene del término francés *rester avec*, que significa "quedar con". Es cuando los padres mandan a sus niños a trabajar en la casa de otra familia como un sirviente, o en situaciones malas, como un esclavo. Eso pasa en Haití: los niños son entregados a familias haitianas, pero también a familias dominicanas si sus padres viven cerca de la frontera. En algunos casos, una familia dominicana pide a un niño haitiano y les dice a los conocidos que está buscando un "ayudante", y así es como los padres haitianos mandan a sus hijos a trabajar. A veces, les pagan con dinero, pero algunos trabajan por comida y un lugar para vivir. Algunos dominicanos les prometen que, si cumplen con su trabajo, les sacarán sus documentos, pero también hay algunos que les dicen eso para que no se vayan, pero después no les hacen nada de papeles. Sin embargo, hay otros que sí les sacan su documentos, porque yo conozco a algunas personas que han trabajado y les han hecho los trámites.

En la comunidad de Guayabal hay dos haitianos que conozco, que vinieron a vivir con un señor cuando tenían como 13 o 15 años de edad. Ese hombre los declaró a los dos como sus hijos. Ahora mismo, ellos dos son los que están en mejores circunstancias en Guayabal. Hay dominicanos que también lo están, pero no como ellos dos: cada uno tiene un camión, una moto, un colmado, una casa bien grande y todo tipo de trastes. Ellos transportan a la gente a los mercados y ganan dinero por hacerlo. Negocian vacas, cementos y algunas cosas más, pero eso no es todo; les va bien porque tienen documento, pero también porque tienen muchas ganas de seguir adelante. Si no tuvieran papeles, hoy no tendrían tantas posibilidades para hacer, tener y negociar como lo hacen.

A Mamota la declaró una pareja de Guayabal. Ella tenía su acta de nacimiento de República Dominicana, pero se la robaron porque por mucho tiempo dejó sin tramitar su cédula. La primera vez que intentó sacarla, se confundió entre "su mamá" y "su tía"; la habían hecho sentar para tirarle la foto de la cédula, y se pusieron a hacerle preguntas para estar seguros de que las personas que la declaraban eran sus verdaderos padres. Ella se puso nerviosa, así que se confundió. Les dijeron que se fueran y no le dieron la cédula. Pero eso pasó hace muchos años. Tiempo después, hace como dos años, ella fue de nuevo a la Junta de Bánica a ver si podía sacar su cédula. Cuando revisaron su acta para ver que fuera suya, encontraron que una mujer de Higüey ya había sacado su cédula con esa acta. No sé cómo pudo pasar, porque las personas que declararon a Mamota dicen que ellos no la vendieron y que no saben cómo esa mujer consiguió ese documento. Pero si hoy Mamota no tiene sus documentos es también porque ella les teme a los militares, y por ese temor se puso nerviosa y confundió a su mamá y su tía. Por eso, Mamota no podía declarar su hija, Manuela. Tampoco ella tiene documentos.

En República Dominicana, un problema grave que una persona haitiana sin documento tiene que enfrentar es la inmigración, ya que su función es mandarlo a su país, aunque no se haya criado allá. Uno no puede comprar nada de gran valor con su nombre; si está enfermo y va al hospital sin papeles, a veces no aceptan atenderlo. Tampoco puede inscribir a su hijo en la escuela.

El problema más grave es que uno no está registrado en ningún lugar del libro del Estado; es como si fuera un animal. Aunque no todos, porque hasta los animales cuando uno las va a comprar, le dan su papel de cómo es y hasta cuáles vacunas tiene.

Si una persona no tiene documento, aunque quiera viajar a un país y tenga el dinero suficiente para los gastos, no podría hacerlo, porque el documento se utiliza para todo. Los que tienen sus papeles no tendrán que enfrentar nada de esto que digo porque dondequiera que vayan están en estado legal. No tendrán miedo de que los detengan en algún lugar por sus documentos porque están seguros de que tienen permitido ir a donde quieran.

Creo que si yo hubiera tenido la ciudadanía aquí en

República Dominicana, tal vez las situaciones que he pasado y vivido habrían sido diferentes. Tal vez tendría una buena profesión o estaría en otro país. Sin embargo, como no tengo documento, debo esperar hasta que Dios me ayude a salir adelante. Aquí en República Dominicana conozco niños dominicanos que no tienen papeles. Los que son Arellanos, por ejemplo, con la mamá haitiana y el papa dominicano, no pueden estudiar porque no tienen sus documentos. Conozco a algunas personas, hombres y mujeres, que tampoco tienen documentos aunque sean dominicanos. Hay muchas cosas que se les hace difícil tener o encontrar por no tener papeles. Algunos piensan que solamente los haitianos no tienen documentos, pero hay muchos dominicanos que tampoco los tienen.

Capítulo 5

Recuerdo que antes, cuando vivía con Chembo y Mamota, nosotras lavábamos mucho en el Río Artibonito, que divide una parte de Haití y República Dominicana. Es un río grande y largo; cuando llueve crece y hasta se ha salido de su centro; pero lo más importante es que provee agua a mucha gente. En algunos lugares hay zonas bajas de poca corriente, pero en otras partes es hondo y se forman charcos muy peligrosos para los que no saben nadar; hay muchas piedras, lajas y arena. Tiene peces, así que la gente puede pescar. En algunos de los pasos del río de Guayabal, hay muchos árboles de mango, bayahonda, javilla y muchos más.

Cada semana, algunas mujeres, Mamota y yo nos íbamos desde las cinco de la mañana hasta las cinco de la tarde a lavar; salíamos a esa hora para poder llegar temprano y encontrar un espacio donde sentarnos, porque a ese río van muchas personas, de distintos lugares fronterizos de República Dominicana y Haití. Cuando uno va al río, la ropa queda bien limpia y se enjuaga mejor; a mí me gusta lavar más que lavar en mi casa o en la lavadora. Nosotras llevábamos un caldero y los alimentos que íbamos a cocinar, y comíamos allá mismo.

Una lavadora tampoco se puede usar en cualquier momento, porque no tenemos luz todo el tiempo. El horario de la luz en Guayabal comienza entre las seis y las ocho de la mañana, y se va entre las doce del mediodía y las dos de la tarde. Puede regresar después, a las seis, y volver a irse a la medianoche. Y varía cada seis meses. Ese era el horario cuando yo estaba en el campo. En ocasiones, las personas saben pasar un día entero sin luz porque a veces, cuando llueve se parten los alambres y se daña la luz en el campo. Cuando la electricidad se iba, todas las personas de la comunidad se acostaban temprano, y quedaban trancados en sus casas. Cuando pasa eso, la gente casi siempre dice: "Ya se fue la luz" o "Ya se la llevaron", y cuando regresa hacen bulla, y dicen: "¡Llegó la luz!". También pitan y se ponen felices, aunque eso pasa cada día.

Cuando Mamota y yo íbamos a lavar en el río, echábamos toda la ropa en una sábana, la amarrábamos, la poníamos en una ponchera grande, nos la subíamos en la cabeza y nos íbamos para el río a lavarla. Tendíamos la ropa y la recogíamos; después nos bañábamos, y regresábamos para la casa. Cuando llegábamos, arreglábamos toda la ropa en su lugar a secar y luego tomábamos un descanso.

Algunos van al río a bañarse, pero es mejor cuando uno se baña en la casa y puede andar, jugar y divertirse. El río de Guayabal tiene muchos lugares por donde ir, como el paso del puente, el paso de la bomba, el paso del salitre, el paso de la cañada y el paso de la playa. Por estos cinco pasos uno puede llegar al río de Guayabal. Para mí, el más bonito es el primero, el del puente.

Si el Río Artibonito no estuviera cerca, pasaríamos mucho más trabajo para buscar el agua como los que tienen que ir a buscarla hasta tres kilómetros o más. No podríamos lavar fácilmente si el río no estuviera ahí ni buscar agua para hacer nuestros oficios tampoco. Sin el agua de este río o de la lluvia, los agricultores no podrían cultivar arroz, cebolla, habichuelas, maíz, yuca ni guandules porque esas cosas necesitan mucha agua. Si no llueve, los finqueros recolectan agua del río para mojar la tierra y dar a los animales; si no, los animales casi se morirían de sed y los agricultores no descosecharían nada porque la sequía dañaría sus cosechas, la temperatura siempre sería muy alta, y habría más polvo de lo normal. Por eso, todo el tiempo hay que echarle agua.

  A las personas de Haití se les mueren más seguido los animales. Los haitianos a veces los sueltan para que coman hierba en la orilla del río y para que beban agua. Con frecuencia, estos cruzan al lado dominicano a buscar hierba porque del lado de Haití casi no hay para que puedan comer. Luego, por la noche casi todos se van para donde sus dueños, pero algunos no vuelven. A veces, el río está muy crecido y se ahogan; después sus dueños los andan buscando y no los encuentran, y dicen que seguro se han muerto.

  La mayoría de los que pescan en el Río Artibonito son haitianos, y ellos venden esos peces en su país o a los dominicanos. Con ese dinero, compran comida para alimentarse y vivir. La verdad es que en el Río Artibonito ya no hay tantos peces como antes, y los que hay ahora son pequeños. Recuerdo que antes los haitianos iban a Guayabal a vender muchos peces y grandes, pero ahora casi no van, y cuando llegan, venden peces muy pequeños. Las personas de Guayabal no van a pescar mucho, tal vez unos muchachos. En cambio, en La Capital hay muchas personas que viven de eso, vendiendo pescado que ellos mismos capturan todos los días en el mar o un río; esos peces sí son limpios y grandes.

Recuerdo que el día 17 de mayo del año 2012, Mamota se fue para Haití a vender algunas cosas como plátanos fritos, carne frita y mavi porque era la celebración del Día de la Bandera. Pero a las 11 de la noche se murió su sobrina, así que ella llamó a Chembo y le dijo que al día siguiente me mandara para que estuviera con ella y los demás familiares en Don Diego. Por la mañana fui con unas amigas, y cuando llegamos al río vimos que estaba hondo y que no lo podíamos cruzar. Luego llegaron tres hombres, y cada uno nos cruzó al otro lado de Haití. Cuando uno de ellos me estaba cruzando, yo tenía mucho miedo y pensaba que me iba a ahogar porque el agua me llegaba al cuello, pero no pasó nada.

Otro día, yo regresaba a Guayabal con la mamá de la niña que se murió, y no sabíamos que el río estaba hondo. Entramos y cuando llegamos al medio nos dimos cuenta de que estaba mucho más hondo; me tapaba la cabeza, y yo estaba muy asustada; mi corazón se me casi me salía. Pero ella me dijo que no tuviera miedo, que la agarrara y brincara, y así lo hice. Salimos, pero desde ese día yo dije que nunca volvería a cruzar el río si estaba un poco hondo porque nunca aprendí a nadar.

Tener acceso a una fuente de agua es importante para la vida. Es como tener donde buscar el agua que sale de la tierra con una noria. Esa agua es mejor que la del río y de la lluvia porque sale limpia, y entonces los animales no pueden sopetear. Casi todas las personas de los campos fronterizos que no tienen llaves y viven cerca del Río Artibonito buscan agua ahí o en un arroyo; van con animales como asnos, caballos o mulas para cargarla, y si no tienen animales la llevan con sus brazos o en su cabeza. Desde Guayabal, para llegar tienen que caminar por lo menos un kilómetro. Si una persona lleva una cubeta, no le va a alcanzar para hacer todos los oficios, entonces tiene que hacer muchos viajes a la fuente. También hay gente que va en sus vehículos para allá a buscar agua durante las sequías. Con esa agua, la gente puede lavar, cocinar, fregar, limpiar, bañarse, pero no se la beben. Algunos no se la beben aunque no tengan agua de botellón o de la fuente porque les da dolores de barriga.

Si no buscan en el río, consiguen agua de la llave que tienen en su casa, y cuando el tanque o el acueducto se vacían, la buscan el agua. Otra fuente donde la gente junta agua es el arroyo de Guayabal. Sirve para todos los usos, incluso para beber porque es un agua muy buena, aunque no todos están dispuestos a consumirla; es muy fresca porque sale de la tierra. Es sana, casi como el agua de botellón, solo que no está purificada.

Las compañías que venden botellones de agua en Guayabal van en sus camiones desde San Juan, Las Matas de Farfán, Comendador y Bánica, sacan el agua de una fuente, la echan en un tanque y la purifican. El que viene de Bánica les vende los botellones a 30 pesos a los colmados, y los dueños los ofrecen por 40 pesos. Los otros camiones se los cobran a 40 a los colmados, y los dueños los venden a 50. Los precios han cambiado desde entonces. Se puede comprar de los camiones por un precio mejor.

Si yo tenía dinero, compraba un botellón de agua, y si no, buscaba en la fuente que está en el arroyo para bebérmela. Todavía hay personas que beben el agua del río. Antes de beberla, le echan cloro, porque si no tienen dinero para comprar agua de botellón, tienen que prepararla así. Uno le echa a un galón de agua cinco gotitas de cloro; a una cubeta, una tapita de cloro, y a un tanque, cinco tapitas. La verdad, no conozco otra forma de purificar el agua. El vinagre no mata los parásitos llamados gusarapo; entonces uno le echa cloro al agua para que no tenga gusarapo. Algunos también le echan un poquito de cloro al agua con que lavan las verduras porque tienen parásitos. Uno casi no los ve porque están escondidos dentro de las hojas del repollo, lechuga, brócoli, coliflor y algunas otras verduras. Yo purifico el agua con cloro porque he visto a muchas personas hacerlo así, y Mamota también lo sabe hacer. Además, el agua de lluvia es la primera que uno tiene que purificar y echarle cloro porque es la que produce más gusarapo. No sé por qué sucede tan pronto, pero si uno consigue agua de lluvia cuando llueve y no le echa cloro, antes de una semana ya le salen los parásitos. Conozco a unos voluntarios de organizaciones internacionales quienes están enseñado a hacerlo mismo para cuando lleguen a trabajar a República Dominicana.

Un día Mamota me mandó con una vecina a buscar agua del río. Las hermanas de Chembo vieron que estaba nublado y le dijeron a Mamota que no me mandara, pero ella me envió de todos modos, y yo me fui con la señora. Eran las cinco y media de la tarde cuando llegamos al río y empezamos a llenar las vasijas. Mientras la señora estaba subiendo las vasijas al asno, empezó a llover, entonces nosotras arreglamos las que faltaban para salir pronto del río, porque cuando llueve, crece. Cuando salimos empezó a llover mucho, con granizo y mucho viento. Los granizos me daban muy fuerte en la cabeza, y yo tenía mucho miedo de los árboles porque algunas ramas salían volando por la fuerza del viento.

Pero cuando la señora y yo veníamos en el camino, nos encontramos con Chembo que venía muy asustado porque pensaba que nos había pasado algo. Apenas nos vio, me quitó el galón de agua para llevarlo y me puso su gorra para que los granizos no siguieran dándome en la cabeza. Luego dejó de caer granizo y la lluvia también se paró. Cuando llegamos, Mamota dijo que nunca me volverían a mandar para el río de tarde si estaba nublado. Después, las hermanas de Chembo discutieron con ella y le dijeron que si me hubiera pasado algo, habría sido por su culpa, porque le habían dicho que no me mandara, y no les había hecho caso.

La situación con el agua en Guayabal puede ser difícil, pero no es tan mala como en Hato Viejo (la comunidad que uno pasa antes de llegar a Guayabal) porque el río está más cerca, y la gente puede prender la planta que los miembros de la comunidad compraron juntos, llenar el tanque y mandar el agua para las llaves de las casas que las tienen. Pero en Hato Viejo consiguen agua de un charcazo, como ellos dicen ahí, o del río si está limpio. Si está sucio, no llenan el tanque hasta que no se limpie, o también excavan hoyos para que el agua salga. A veces saben pasar varias semanas sin tener agua. Las personas de la comunidad de los campos siempre pasan trabajo para buscarla, aun cuando tienen un acueducto.

El acueducto de la comunidad de Guayabal lo hicieron el padre de la Iglesia católica de Bánica y los demás voluntarios estadounidenses por un proyecto humanitario. La encargada de todo era Gloria, que era representante de la comunidad de Guayabal durante ese tiempo, y ella pidió en nombre de todos que lo hicieran porque lo necesitaban mucho. Cuando vinieron aquellas personas, hicieron una reunión con toda la gente de la comunidad y dijeron que todos tenían que dar 500 pesos para ir juntando y comprar algunos materiales que faltaban. Buscaron el lugar donde iban a hacer el tanque de agua y una fuente de donde saliera agua debajo de la tierra, y se pusieron de acuerdo sobre recolectar el dinero.

Luego empezaron a hacer las zanjas con una retroexcavadora desde el tanque hasta la última casa que estaba al frente de la carretera. Pusieron todos los tubos grandes, y luego cada uno que iba a tener una llave en su casa tenía que hacer la zanja desde la carretera hasta su vivienda; si no podía, le pagaba a alguien. La mayoría de las personas invirtieron en una llave. Todos lo hicieron así, y luego le dieron el dinero a Gloria para que les pagara a una personas para que instalaran las llaves en cada casa. A los tres días, ya todas las personas, incluso Chembo y Mamota, tenían esas llaves y mejor acceso al agua. Después que terminaron, inauguraron la obra y dieron el primer picazo. Todos estaban muy felices porque era la primera vez que tenían una llave en su casa. Siguen aportando dinero mensualmente a un fondo de agua que Gloria colecta para mantener el acueducto si algo pasa.

El mismo día que echaron el agua por primera vez, la

gente de la iglesia ofreció mucha comida en el patio de la casa de Dania, quien era maestra en la escuela primaria y una líder de la comunidad. Todos nosotros, los alumnos de la escuela, hicimos un drama sobre cómo pasábamos trabajo para ir a buscar agua al río. Antes que hiciéramos el drama, practicamos en la escuela durante una semana, todos los días a la hora del recreo cómo era que lo íbamos hacer. La persona que nos dio la idea de hacer ese drama fue la profesora Dania. Ella nos enseñó algunas cosas que podíamos hacer, y tomamos media hora cada día para practicar. No nos disfrazamos, lo hicimos con la misma ropa de la escuela. Era un drama muy sencillo porque los demás alumnos no quisieron participar por vergüenza. Si hubieran participado todos, habríamos hecho muchas cosas más.

Mientras actuábamos, nos miraban muchas personas. La obra trataba de la gente que iba a buscar agua al río: que a veces iban con mucho miedo de que cualquier cosa o persona les hicieran daño; cómo llenaban las vasijas en el río; cómo cargaban los galones y las cubetas de agua sobre la cabeza. La parte que yo hice en el drama fue sobre cómo buscaba agua en el río: llegaba al río, llenaba los galones y me paraba a descansar porque me sentía cansada. Los demás hicieron la parte de cómo las personas tenían miedo de ir solos a buscar agua al río y las cosas malas que les podrían pasar. La gente se divirtió con ese drama.

Capítulo 6

Chembo me inscribió en la escuela de Guayabal cuando yo tenía seis o siete años de edad. El único documento que le llevó a la profesora Dania fue la copia de su cédula; no presentó mi acta de nacimiento porque no tengo. Yo era pequeña cuando eso pasó, y la situación no era igual que ahora. Actualmente, para que un padre o una madre pueda inscribir a su hija o hijo, tiene que mostrar todos sus documentos. Si no los tiene, puede ser que lo inscriban, pero a la mala, y eso si la directora es buena persona. Hay personas que, aunque les pidas algo mil veces de todo corazón, si no tienes documento, no te inscriben. Aquí en República Dominicana, cuando se cierran las clases les dan a todos los alumnos un papel parecido a una carpeta con las notas que dice si uno ha pasado o se ha quemado. También hay que presentar esas notas en las escuelas.

No se paga para estudiar en escuelas públicas en República Dominicana; es gratis. En cambio, en Haití se paga dinero por cada grado. A medida que el alumno o la alumna pasa de curso, le cobran más caro. Por eso, los padres haitianos dicen que sus hijos tienen que aprender, porque no van a pagar en balde. Aquí, en República Dominicana, muchas personas no mandan a sus hijos a la escuela porque prefieren que se queden en la casa para ayudar a atender a los animales y los conucos. Entonces, los muchachos no saben leer ni escribir, porque sus padres no los inscribieron en la escuela; no saben ni siquiera escribir su nombre.

Conozco a muchos dominicanos que tienen cerca de 50 años de edad y no saben escribir ni leer. No solo es así en este país, sino que en muchas naciones sucede lo mismo. Por ejemplo, en Haití hay muchos padres que no tienen dinero para pagarle la escuela a sus hijos y no se preocupan por inscribirlos; entonces, se quedan así, analfabetos.

Chembo sabe leer y escribir mucho porque llegó como al octavo curso de la primaria cuando era más joven. Pero Mamota no sabe leer ni escribir de ninguna forma; aunque fue a la escuela por un tiempo en Haití, al parecer no aprendió nada. Tampoco sabe leer ni escribir en español. Lo que sí sé es que puede contar y sabe mucho de dinero haitiano y dominicano. Casi nadie la puede engañar con dinero porque sabe calcular muy bien.

Cuando yo estudiaba en Guayabal, la escuela se veía un poco vieja y fea, pero ahora es diferente porque le han arreglado varias cosas, como el techo, que era de un material duro y tenía asbestos, ahora está hecho de zinc. Las puertas estaban un poco arruinadas, pero ya están en mejores condiciones. No había luz antes, pero ahora sí hay electricidad. Algunas aulas están divididas con paredes de madera que antes no estaban. Hay sillas y mesas para estudiar; antes solo eran butacas. La verdad es que la escuela ha cambiado mucho. Yo entré a la escuela en el 2007, y mi maestra de primer grado fue Dania. Ella era muy buena conmigo y los demás alumnos. Con ella aprendí a escribir y leer. La maestra nos ponía a leer algunos cuentos y poesías en los libros de la escuela; también nos enseñaba a contar con un ábaco que tenía diferentes colores. Nos enseñaba a escribir a cada uno de todos los alumnos aunque algunos aprendieron más rápido que otros. A veces, cuando hacíamos algo malo, ella nos jalaba la oreja, porque antes eso era aceptable en la escuela, pero ahora no. En esos años, la profesora

Dania daba el primero y el segundo grado juntos, y el profesor Pedro daba el tercero y el cuarto grado juntos. Pero el quinto y el sexto grado lo daban otros dos profesores, una mujer y un hombre que llegaron después a dar clases a Guayabal de otros campos cercanos, y también ellos fueron mis profesores.

Cuando yo estaba en primer grado, había como 12 alumnos. En ese tiempo no éramos muchos porque los alumnos de Pilón no estudiaban en Guayabal, sino en su sector. Hice el primer y el segundo grado por la tarde, y el tercero, el cuarto, el quinto y el sexto en la mañana. Antes los alumnos de quinto y sexto de Pilón y Guaroa que venían a estudiar a Guayabal hacían el recorrido a pie, y les tomaba media hora o hasta una hora caminar. Pero ahora, desde que el gobierno del expresidente Danilo Medina mandó un camión para transportar a los alumnos de la escuela de Guaroa, Pilón, Guayabal, Hato Viejo y Sabana Cruz y le pagan a un chofer para conducir, ese camión los lleva a la escuela y de regreso a sus casas.

Los únicos cuentos que me sabía, o recuerdo que me sabía cuando iba a la escuela eran el de *Caperucita Roja*, el de *Los Tres Cerditos* y el de *Mamá Cabra y sus Siete Hijos*. El que más me gustaba y era mi favorito era el de *Caperucita Roja*. Pero esos libros de cuentos ya eran muy viejos, e incluso a algunos les faltaban páginas. Por eso, uno no podía entender el cuento muy bien y tampoco aprendérselo entero.

La calidad de los libros no era la mejor: eran muy viejos, ya estaban muy dañados y no había biblioteca donde organizarlos; entonces, los maestros los guardaban en cajas. La ropa que los alumnos usábamos para ir a la escuela era una camisa azul y un pantalón de color caqui, o una falda del mismo color para las muchachas. Pero después, las hembras iban también con pantalones. Cuando las clases abrían, el Ministerio de Educación nos daba útiles escolares como mochilas, zapatos negros, el poloche azul, pantalones, faldas, medias, cuadernos, lápices, lapiceros y borradores, pero a veces no rendían para todos y algunos tenían que usar unos viejos, o sus familias debían buscar el dinero para comprar las cosas que les faltaban.

    Cuando yo estudiaba en quinto y sexto tenía muchas amigas. Los alumnos eran de Guaroa, Pilón y Guayabal, y ellas eran como yo: no les gustaban los problemas. Yo nunca peleé en la escuela con ninguno de mis compañeros. Siempre hacía mi tarea muy bien, y cuando hacían preguntas me gustaba participar. Mis dos materias favoritas eran lengua española y formación integral humana y religiosa. Lengua española me gustaba porque nos daban tarea para hacer en casa para buscar las respuestas en el libro, y además porque nos dictaban preguntas para escribir en el cuaderno. A mí me encanta escribir por dictado. También nos ponían a leer uno por uno para ver quién sabía más y para ayudar al otro. Formación me gustaba porque hablaba mucho de la palabra del Señor todopoderoso en el cielo y en la tierra.

    Antes teníamos que llevar un galón de agua y un palo de leña porque en la escuela no había. Cada alumno llevaba un plato, una cuchara y su pote para poder beber agua después de comer. Pero ahora todo es diferente: hay un servidor con 12 botellones para que los alumnos beban, y hay platos, cucharas y jarros. Hay una llave conectada al acueducto y un tinaco para guardar el agua. En cuanto a la comida, a nosotros nos la cocinaban en un fogón con palos en una cocina vieja porque la estufa se había dañado, y el tanque de gas estaba pinchado. Pero un día vinieron unas personas de una organización humanitaria e hicieron fogones de bloques, barro y tierra a todos los que tenían cocina, incluida la escuela. Una vez que estuvo listo empezaron a cocinar en él. En la actualidad, ya han arreglado la estufa, han comprado un tanque de gas, y preparan los alimentos dentro de la escuela, en la cocina. Utilizan el fogón cuando se va el gas. La comida que nos daban en la escuela de Guayabal la mandaba el Ministerio de Educación para todos los distritos de los campos y las comunidades. Antes, todas las madres tenían que ir a cocinar cuando les tocaba por su hijo o hija, y si no fueron, las maestras tenían que cocinar. Pero ahora, en algunas escuelas, el Ministerio envía comida hecha diariamente.

Al principio, los maestros Pedro y Dania eran los dos únicos que daban clases en la escuela de Guayabal, entonces enseñaban todas las materias de primaria hasta sexto. Cuando uno de los dos no podía ir, el otro tomaba sus clases. Cuando pasé a segundo grado, mi profesor (decimos "profesor" en República Dominicana aunque uno no está en la universidad) era Pedro. Él era muy bueno y nos enseñaba muy bien, pero si no estudiábamos y no atendíamos la clase, nos lastimaba y nos daba bien duro con una correa.

Los maestros nos daban pastillas para los parásitos y nos prestaban los libros de lengua española, matemáticas, ciencias sociales y ciencias naturales para llevárnoslos para estudiar en casa. No había tantos libros de cuentos durante mi tiempo en la escuela como hay ahora. Cuando las clases se cerraban, los profesores Dania y Pedro nos daban a todos los alumnos las comidas crudas que quedaban, como arroz, habichuelas, harina de trigo, harina de maíz, sardinas, leche de cajita y en polvo, pan y guandules, para que las lleváramos a nuestras casas.

Mi amiga Melisa es hija de la profesora Dania, y a mí me gustaba jugar con ella cuando estábamos en el mismo curso. Algunas veces nos peleábamos y luego estábamos bien; pero ahora casi no nos vemos porque, aunque las dos vivimos en Santo Domingo, no estamos cerca. Es una joven simpática y me gusta su forma de ser. En la escuela siempre compartíamos cualquier cosa que tuviéramos de comer. Jugábamos muchos juegos, como pelota, el escondite, trucano con chatas y el topao. El trucano se juega en el suelo: con un palito, uno dibuja la forma de un muñeco, la cabeza, los brazos y los pies, coloca un número a cada parte, y luego busca una piedra chata para jugar por turno. Pueden jugar varias personas, grandes y pequeñas. El que empieza va tirando la chata número por número y, si la chata cae fuera del cuadro donde está el número, pierde. Como es por turnos, el que se equivoca sale, y luego entra otra persona a jugar. A mí me gusta mucho ese juego porque es muy divertido.

    Cada día después de la escuela, yo me bañaba, me peinaba y me cambiaba la ropa, pero me quedaba en la casa mayormente, o donde la familia de Chembo. No iba para ningún lugar, solo me quedaba en mi casa, comía y me ponía a leer algún cuento o a jugar con la hija de un sobrino de Chembo llamada Daniela, porque ella y yo siempre estábamos juntas. Los cuentos que leíamos estaban en los libros de educación artística que tomábamos prestados en la escuela a los profesores. Jugábamos al escondite, trucano y muchos juegos divertidos, y nos divertíamos mucho. Nosotras dos siempre íbamos juntas para la escuela. A veces peleábamos, y a las dos horas estábamos como si nada hubiera pasado. Como vivíamos muy cerca, a veces yo iba a jugar para su casa, y ella también venía a jugar para la mía. Jugábamos a cocinar con tierra y tapitas de botellas de agua, y buscábamos algunas frutas de algunos árboles para jugar. Daniela es una joven muy inteligente. Antes ella vivía en Guayabal con su abuela, pero ahora vive en La Capital con su papá y está estudiando en la universidad. Todavía seguimos en contacto y hablamos por teléfono.

Un día en la escuela sucedió una tragedia con Daniela. Ella, un niño y yo estábamos mirando a los demás alumnos que jugaban pelota al frente del portón, en el patio, y los profesores estaban sentados debajo de un árbol al frente de la escuela. Desde donde estaban no nos podían ver porque se encontraban un poco retirados. De repente, una joven que iba pasando vio a los alumnos jugando y entró al patio de la escuela. Tomó el bate con el que estaban jugando béisbol y se puso a jugar con ellos. Los alumnos le dijeron que se fuera, que ella no era alumna de la escuela y que no podía entrar a jugar sin pedirles permiso a los maestros primero; pero no escuchó y siguió jugando. De repente, se le zafó el bate y le dio en la cabeza a Daniela, que estaba parada junto conmigo, y la dejó inconsciente. Una señora que vive al lado de la escuela y yo le echamos agua en la cabeza, y cuando abrió los ojos los tenía volteados. Los profesores vinieron corriendo y llamaron a sus padres. Se la llevaron en una moto para el hospital de Bánica, y la joven se fue huyendo muy asustada porque pensó que la había matado del batazo que le dio.

En el hospital, los doctores vieron que Daniela estaba desvariando, o sea, diciendo cosas sin sentido, y la mandaron para el hospital de Las Matas de Farfán. De allí la enviaron para el hospital de San Juan, de donde la trasladaron la misma noche para Santo Domingo en una ambulancia porque estaba muy mal y había que operarla: tuvieron que implantarle un pedacito de hueso en el cráneo de su cabeza. Todos nosotros, los demás alumnos, estábamos muy tristes porque teníamos miedo de que muriera nuestra compañera, y los profesores estaban muy asustados porque los padres de la niña dijeron que si se moría los iban a meter presos. Gracias a Dios, ella no se murió.

Lo único que ella tuvo diferente después del accidente fue que le cortaron todo su cabello. Los doctores ya le habían cortado la mitad del lado donde la operaron, entonces su abuela se lo cortó todo. Con el tiempo le creció, y ahora lo tiene un poco largo. Después del accidente, Daniela no cambió su forma de ser ni su inteligencia. No era diferente, siguió como siempre. El único detalle es que no le pueden jalar el cabello duro del lado que la operaron cuando la peinan porque le duele, y puede ser muy peligroso porque ese pedacito que le implantaron no es de ella. Gracias a Dios, hasta ahora no ha presentado ningún tipo de problema por ese accidente.

A la joven no la metieron presa porque era familia de los padres de la niña. Desde ese día, los profesores son más cuidadosos con los alumnos y no dejan entrar a nadie que no trabaje en la escuela ni jugar con un bate. Cuando sucedió aquello no había seguridad trabajando en la escuela, pero ahora sí: hay un portero que se encarga de esa tarea. Después del accidente, Daniela vivió varios años más en Guayabal con su abuela, hasta que su papá la llevó para La Capital.

Yo era buena estudiante, y pasé los grados primero a cuarto sin problemas, pero tuve que repetir el quinto porque rompí la nota al fin del año escolar. Mis compañeros me dijeron que no había pasado, entonces me enojé tanto al ver a todos los demás alumnos felices que rompí el papel porque pensé que iba a estar triste. Pero yo no había revisado la nota: un alumno de la escuela que me la quitó de la mano y salió corriendo a leerla para ver si yo había pasado de curso. Él me dijo jugando que me había quemado, y le creí, así que me enojé y la rompí. Después que hice eso, los profesores me dijeron que me fijara muy bien para que viera la verdad. Entonces vi que había pasado, y me quedé sorprendida y asustada porque sabía que Mamota me iba a dar una pela; y así fue, ella lo hizo porque rompí la nota.

Yo digo que me quemé porque tuve que hacer el curso de nuevo. Los profesores sabían que yo había pasado, pero como había roto la nota, se pusieron los dos de acuerdo y me hicieron repetir el mismo curso, aunque no hubiera quemado de verdad, para que nunca volviera a romperla; porque sin una nota, uno no se puede inscribir.

La verdad es que yo no quise romper la nota a propósito, pero cuando vi que todos los demás se reían, me enojé. Se la quité al alumno que me la había arrebatado de la mano y ni siquiera la observé para ver si era verdad: lo único que hice fue romperla. Mamota y Chembo no les dijeron nada a los profesores porque fue mi culpa. Al año siguiente, cuando tuve que repetir el curso, yo hacía las clases como si nada, porque ya sabía todas las lecciones y las materias que me daban.

Capítulo 7

Un día, en la escuela, empecé a sentirme mal, hasta que me caí. No me di cuenta de que la hermana de Chembo me llevó en moto al hospital de Bánica. Cuando me desperté, me habían internado. Me hicieron análisis y me pusieron un medicamento que poco a poco me hizo sentir mejor. Los doctores descubrieron que yo tenía sarampión y mandaron los análisis a Comendador para estar seguros de lo que tenía, porque era muy peligroso ese sarampión por dentro del cuerpo, y más para una niña, porque yo tenía apenas nueve años de edad.

El resultado llegó, y los médicos le dijeron a la hermana de Chembo que, si yo me moría, la iban a meter presa porque hacía mucho tiempo estaba enferma, y no me había llevado al médico. Ellos pensaban que era mi abuela, pero les dije que no, que era mi tía, así que le pidieron que me fuera a atender mi mamá porque me iban a dejar internada y Mamota me fue atender. Los médicos le dijeron que yo no me había muerto porque Dios me había protegido. Ese sarampión es peligroso porque me había salido por dentro cuando yo lo tenía ellos no se dieron cuenta porque a la mayoría de las personas le salen pelotitas como si fuera viruela. Cuando le da sarampión a una persona por dentro es caliente. Yo me sentía que el cuerpo me picaba y sentía algo que caminaba dentro del cuerpo. Le daña todo los órganos porque es algo como llagas que uno puede morir. Pero los doctores eran buenos y me atendieron muy bien.

Recuerdo que un día cuando yo estaba en el hospital, mi mamá volvió a visitarme y yo no la reconocía, pero Mamota me dijo que ella era mi madre. Yo me puse a llorar porque quería irme con ella. Se quedó conmigo como dos horas hablando con Mamota y luego se fue, y hasta ahora, nunca ha vuelto. No me llevó nada porque no sabía que yo estaba ahí, pero como iba pasando por el lugar, le dijeron que yo estaba internada, y ella fue para allá.

Al fin, Mamota le dijo que se fuera y no volviera, así que ella se fue y no volvió nunca más ni a preguntar por mí ni a verme. Hasta ahora, no la conozco. Creo que Mamota le habló así a mi mamá para que se fuera y yo no la volviera a ver, porque cuando la veía me quería ir con ella; pero no estoy segura. No sé si le dijo así porque no quería que yo supiera que ella era mi verdadera mamá, porque no le gustaba cuando los muchachos me decían que ella no era mi madre. Tal vez estaba celosa de mi madre. La verdad es que cuando yo estaba internada en el hospital de Bánica y mi mamá fue a verme, no recuerdo nada de lo que me dijo, ni su físico ni su carácter. Lo único que quedó en mi memoria es que fue una persona a verme. Duré nueve días internada, luego me dieron de alta y volví a tener buena salud.

No sé si mis verdaderos padres me celebraron los primeros cinco cumpleaños. Al menos, Chembo y Mamota nunca me los festejaron; tal vez, porque no tenían dinero, o porque no eran mis verdaderos padres. A algunas de mis amigas de la comunidad de Guayabal, sus padres les celebraban sus cumpleaños, y eran muy lindos. Ellas se ponían un vestido largo y se peinaban lindas. También les hacían muchos regalos, como zapatillas, vestidos, paraguas y gomitas de peinarse. Yo siempre deseaba que mis cumpleaños fueran iguales que los de ellas.

Aunque nunca me celebraron mis cumpleaños, a veces, algunas personas me hacían regalos, como ropa, zapatos, juegos, y algunas cosas más. Mi madrina, que en paz descanse en el cielo, siempre me regalaba cosas y juegos sin importar la fecha. Ella era la única madrina que yo tenía; me quería mucho, y yo también a ella. Uno de los presentes que me dio fue una muñeca muy grande y muy linda, que era casi como un bebé de verdad porque hablaba, cantaba y caminaba. Yo quería mucho esa muñeca porque, como no tenía hermanitos que jugaran conmigo, jugaba con ella como si fuera mi hermanita. Si bien tenía muchos primitos y primitas de crianza, no jugaba casi con ellos porque peleaban conmigo; por eso jugaba sola con mi muñeca y con Daniela.

En República Dominicana, si uno tiene una madrina o un padrino es porque esa persona les ha pedido a la mamá y el papá del niño o la niña que les permitan ser su madrina o su padrino. A veces, la madre y el padre escogen a dos personas que sepan que son respetuosas, que no sean charlatanas, y las dejan ser padrino y madrina de sus hijos. Entonces, cuando llega el día de bautizarlo en la Iglesia católica, las personas que los bautizan son la mamá, el papá, el padre de la Iglesia y los dos padrinos. Le echan agua en la cabeza y lo bautizan. A mí me bautizaron así Chembo, Mamota, mi madrina Artemia y mi padrino Hungria en la Iglesia católica de la comunidad de Guayabal. También hay otra forma de tener madrina y padrino: se llama "echarle agua", las madrinas y los padrinos pueden ser varios, y la mamá y el papá le rezan, le cantan, y le matan un chivo para hacerle un sancocho y una sopa de arroz con carne para todas las visitas a la casa. Es más como una fiesta.

Chembo y Mamota eligieron a Artemia y a Hungria para que fueran mis padrinos porque eran amigos suyos, y porque eran respetuosos. Mi madrina todo el tiempo vivió en el campo, en Guayabal, pero mi padrino, no, siempre ha vivido en La Capital con sus dos hijos (una hembra y un varón) y con una sobrina de Chembo, que es su esposa.

Una vez, una mujer me invitó al cumpleaños de su hija, y yo le llevé de regalo un cintillo, un paquete de bolitas de peinarse, mentas y chicles. Pero yo no iba a todos los cumpleaños que me invitaban, porque Mamota no siempre me dejaba ir. Entonces yo le obedecía; mandaba el regalo y me quedaba en la casa. Otro día, una de mis amigas me invitó a su cumpleaños, y le regalé una blusa. Ella estaba muy linda y se sentía muy feliz porque todas sus amigas le llevamos regalos. Bailamos y jugamos con ella, le cantamos "cumpleaños feliz" y nos tiramos fotos con ella. Nos dieron sancocho, sopa de arroz con carne, bizcochos y una bolsa con dulces, como bolones, chicles, mentas, y algunas cosas más. En las ocasiones que más se come sancocho es en los cumpleaños, en las fiestas y en los rezos.

Los ingredientes con que se hace un sancocho son cualquier tipo de carne, el que a uno le guste, y se le echa sal, sopita, pasta de tomate, ají picante, cebolla, sazón líquido y completo, ajo, verdura, pimienta, vinagre, yuca, plátano, yautía, papa, auyama, ñame, guineo, rulo, bollo de harina de trigo, brócoli, coliflor, y algunas cosas más.

El campo sabía estar aburrido cuando no había fiestas o actividades, entonces, algunos muchachos y yo buscábamos formas de entretenernos. Recuerdo que antes, cuando yo tenía diez años, mis primos y primas de crianza nos poníamos a recoger botellas de vidrio de cerveza Presidente y de Coca-Cola, y a juntarlas para venderlas. A veces juntábamos hasta 100 botellas y las vendíamos a un peso cada una a unas personas que iban en un camión comprando botellas en todos los lugares de las comunidades. Esas personas iban a diferentes lugares, como Las Matas de Farfán, San Juan y Azua, y compraban esas botellas para volver a llenarlas de cerveza y refresco para venderlas de nuevo. Pero ya no lo hacen. Vendíamos 100 botellas por 100 pesos, y cuando ganábamos el dinero, yo le daba 50 pesos a Mamota y guardaba el resto para mí, para comprar algunas cosas de comer en la escuela, como bolones, mentas, chicles, galleticas y otras más.

También juntábamos muchos hierros viejos para venderlos o cambiarlos por pollitos manilos, que podíamos criar. Buscábamos material en todos los lugares y bosques cercanos a nuestras casas. Encontrábamos jarros, calderos, pedazos de piezas de moto, grecas, esprines de cama, y algunas cosas más, y vendíamos todo. Las personas que nos compraban los hierros viejos venían más de Las Matas de Farfán, de Elías Piña (otro nombre por Comendador) y de San Juan. A veces, las espinas nos pinchaban en los pies, y el sol sabía estar muy caliente, pero seguíamos buscando: hasta que no encontrábamos varios hierros no nos íbamos para la casa. Mayormente, las personas en Guayabal que hacíamos eso éramos nosotros, los muchachos. Pero en algunos lugares también hay personas adultas que lo hacen.

Luego venían unos camiones que nos cambiaban hierro por pollitos. Nosotros hacíamos el cambio, pero era en balde porque se nos morían casi todos los pollitos. Eran muy pequeños y se morían de frío porque no tenían mamá que los calentara. Algunos se nos salvaban, pero solo si los poníamos con una gallina. A veces, estas no los querían porque sabían que no eran sus hijos, y entonces se nos morían. Pero siempre seguíamos cambiando hierro por pollitos porque éramos muchachos y nos gustaba criar animalitos. Algunas personas han criado de esos pollitos y han tenido éxito, porque no se les murieron, pero los nuestros no eran de esos pollitos.

Cuando crecen son bastante grandes y muy lindos, tienen muchas plumas de colores diferentes. Después que crecen y se convierten en gallos y gallinas grandes, algunos duen-

~os se los comen, o los venden en el mercado o a cualquiera que lo quiera comprar.

Un día encontramos dos máquinas de sembrar maní que habían abandonado porque no servían; las cogimos y se las vendimos por 500 pesos a los que compraban hierro viejo, quienes dejaron de venir a comprar por dos meses, pero cuando llegaron y nos pagaron, todos repartimos el dinero con nuestras mamás. Las máquinas eran grandes y pesaban bastante, pero nosotros podíamos llevarlas solo porque tenían unas ruedas de correr para empujarlas, y así no teníamos que levantarlas. Las personas que nos las compraron las levantaron y las subieron en el camión, nos pagaron y luego se fueron.

Capítulo 8

Cuando ocurrió el terremoto en Haití en el año 2010, yo no lo sentí, pero hubo muchas personas de Guayabal que sí lo notaron, aunque el epicentro estaba cerca de Puerto Príncipe. Ese día yo estaba con una hermana de Chembo llevando a un muchacho haitiano que vivía con ella, que después de pasar una semana en su casa, ya no se quería quedar. Pero como el papá del muchacho trabajaba cerca del río, lo llevamos hasta allá. Cuando llegamos, el río estaba muy hondo y muy sucio, y su papá no estaba, entonces regresamos para la casa. Al llegar, encontramos a todos asustados, y nos explicaron que había habido un terremoto. Pero nosotras y el muchacho no sentimos nada, y a los minutos vimos por las noticias cómo había pasado y cómo había quedado Haití.

Después del terremoto de Haití, por muchos días me sentí muy triste por ver tantas personas muertas, ver cómo buscaban a sus familiares debajo de los escombros y de las casas que se habían caído. Yo hasta lloré cuando vi todos esos muertos, pero después que vi que el presidente de República Dominicana y algunos gobiernos de afuera les llevaron ayuda yo me emocioné mucho. Como Chembo y Mamota no tenían televisión ni radio en su casa, veíamos las noticias en la casa de una de las hermanas de Chembo, porque ella tenía una parabólica de la compañía de Claro. Ella pagaba esa parabólica mensualmente, entonces mirábamos películas, novelas, noticias, y muchos más programas.

El cólera apareció en el mismo año, el 2010, como un resultado de las actividades humanas; unos científicos que hacían investigaciones en la isla encontraron que el Río Artibonito estaba contaminado. Recuerdo que la gente tomaba muchas medidas de precaución con la higiene y decían que todos debíamos lavarnos las manos antes de comer y después de ir al baño, lavar muy bien los alimentos y cuidarnos mucho. Los medios de comunicación decían que los síntomas del cólera eran vómitos y diarrea. Después de escuchar esas noticias, la mayoría de las personas de la comunidad de Guayabal dejaron de beber agua del Río Artibonito y compraban sus botellones de agua cuando iban los camiones que los vendían; también tenían dudas de bañarse en ese río.

Durante la epidemia del cólera, no vi a nadie del Ministerio de Salud dominicano que haya ido a Guayabal a hablar sobre la enfermedad, pero tal vez fueron a otras comunidades. Los que tenían síntomas tenían que ir al centro de salud de Bánica a ponerse una inyección y a pasarse el suero. En la comunidad de Guayabal solo hubo dos personas que tuvieron los síntomas del cólera mientras duró la enfermedad, pero cuando fueron al médico, los atendieron y se sanaron de una vez. Eran dos señores mayores, y parece que no era cólera lo que tenían porque ninguno de sus familiares se contagió.

Recuerdo que después del terremoto, durante la epidemia del cólera, muchos estudiantes de Haití se mudaron a Guayabal con su familia que ya vivía allá y se inscribieron en la escuela por un tiempo; sus padres los habían sacado de la escuela de Haití porque el cólera estaba matando a muchas personas. Estos alumnos sabían hablar un poco el idioma español porque a veces venían de Haití a pasar algunos días con sus familias de Guayabal, entonces habían aprendido algunas palabras en español. Por eso ellos entendían algo cuando estaban en la escuela de Guayabal. Se comunicaban un poco con nosotros porque en la escuela había algunos muchachos Arellanos que entendían el idioma kreyol. Yo comprendía solo un poco de lo que me decían, y así podía hablar con ellos.

Decían que en su país les enseñaban mejor que en República Dominicana, pero también decían que era algo bueno que no nos cobraban dinero, porque en su país sí tenían que pagar para poder estudiar. Recuerdo siempre que, cuando cerraban las clases, los profesores repartían todas las comidas crudas que quedaban entre los alumnos de Haití y los de Guayabal.

Cuando una persona muere en la comunidad de Guayabal (y otros lados de República Dominicana), la gente reza "Dios te Salve María" para que Dios saque de pena al fallecido y lo lleve a descansar; también le ponen flores, y le prenden velas y velones. Las familias se reúnen y se sientan frente al cadáver llorando, y vienen los vecinos y los amigos a darles el pésame. Aquí se le llama "acompañarles en su sentimiento". Al día siguiente, lo llevan en un vehículo para enterrarlo; a veces, si la persona había dicho qué música quería que pusieran cuando muriera, se la ponen, y a veces le ponen en el ataúd un cuchillo, ron, prendas, o algunas cosas que le gustaban.

También he visto que han llevado a enterrar a muchas personas con música con canciones cristianas; he escuchado que, cuando hacen eso, es porque a esa persona le gustaba esa alabanza o porque cuando estaba viva había dicho que, llegado el momento, la enterraran con esa canción. A algunas personas cristianas, cuando fallecen, no les hacen un rezo ni oran santas. Solo les hacen un culto de Dios y los entierran. Esas cosas, como los rezos, santas, cumplemés y cumpleaños los hacen a los impíos.

En República Dominicana, un velorio se realiza cuando una persona se muere, todos sus vecinos y familiares se reúnen con la familia del muerto, y amanecen hasta el otro día en la casa. Creo que velorio y velar es lo mismo. He visitado muchas de estas reuniones, y todas han sido muy tristes para mí, porque después de conocer a una persona y hablar con ella, verla morir de repente es muy triste. La verdad es que en casi todos los velorios que he visitado me he sentido así.

Yo tengo fe y creo en Dios porque él es poderoso y ha hecho muchas cosas buenas en mi vida: me ha dado siempre el pan de cada día cuando estoy en malas circunstancias, me ha dado siempre la salud que mi familia y yo tenemos. Creo que lo bueno de la religión en general es que las personas buenas hacen el bien, tienen su religión y ayudan a las otras; dondequiera que van creen en su Dios y, cuando se le muere alguien a un vecino, cumplen y sienten por el dolor ajeno. No creen en la maldad y no piensan en hacerle mal a nadie. En este país hay muchas personas que creen y buscan el camino de Dios de todo corazón, y también hay otras que no lo buscan ni tienen fe en él. Algunos buscan el camino de Dios ya cuando se van a morir, pero otros se mueren y nunca se han arrepentido de los pecados que han cometido aquí en la tierra.

A mí me bautizaron cuando yo tenía cinco años de edad junto con algunos muchachos más en la Iglesia católica de Guayabal; si no, no tendría el acta de bautismo. Cuando era niña, siempre iba a esa Iglesia, pero ahora prefiero la Iglesia cristiana. Muchas personas bautizan a sus hijos en sus casas echándoles agua, pero a mí no me bautizaron así, y solo tuve una madrina y un padrino. Artemia murió cuando yo era adolescente, y él vive en La Capital, pero han pasado muchos años desde la última vez que lo vi.

Después que uno se bautiza, todos los datos que uno le ha dado a la encargada de la Iglesia y al padre, ellos los envían a San Juan de la Maguana; en 15 días uno puede ir a retirar el acta de bautismo a Bánica; solo hace falta saber todos los datos para que la entreguen. Si uno quiere, la deja ahí y la va a buscar cuando la necesite; por ejemplo, a mí me bautizaron el 19 de abril del año 2003, y Chembo la retiró en el 2013. No había ido antes a buscar mi acta de bautismo porque hasta entonces yo no la necesitaba, pero cuando me iba a inscribir en la escuela de Sabana Cruz, nos la pidieron; no tenía otro documento que presentar.

No era ningún problema en ese momento que me convirtiera a la Iglesia cristiana, siempre y cuando yo estuviera decidida o de acuerdo. Al principio no quería convertirme porque no me gustaban todas las reglas que hay en la Iglesia cristiana, pero lo hice por cumplir las órdenes de Mamota. Sin embargo, después que me puse a pensar, me decidí y me convertí de corazón, y hoy soy y siempre seré una sierva de Dios.

Creo que la Iglesia cristiana tiene reglas, como no maquillarse, no alisarse el cabello, no usar aretes ni cadenas, no vestir pantalones y no ponerse tinte en el cabello porque ese es el mandato de Dios. Al principio, ninguna de esas modas existían, sino que son hechas por el hombre, no por Dios, y por eso el cristiano no debe practicarlas.

Si no hubiera sido así, pienso que, tal vez, yo sería una impía que no sabría nada del camino de Dios. Pero hoy no me arrepiento de haberme convertido porque me gusta ese camino que he elegido. No sé para otras personas, pero para mí este es el mejor camino, el camino de Dios.

Todos los días yo iba para la iglesia de Guayabal a orar y hacía ayuno, y me dije a mí misma: "Yo soy una joven que no fuma, no bebe alcohol, no hace ninguna cosa mala; yo me voy a convertir". Esto pasó cuando tenía 13 años, y fue una pastora de Bánica la que me guio.

Al principio, fui la tesorera, y guardaba el dinero de las ofrendas que recolectábamos en la Iglesia cristiana de Guayabal cuando dábamos los cultos todos los domingos. Luego iba a ser la maestra para darles escuela bíblica a los niños. Además, yo siempre iba a la iglesia, cantaba y oraba. Era la que le enseñaba a los niños a cantar. Al final, no fui maestra de la escuela bíblica de los niños porque algo cambió en mi vida antes que pudiera serlo.

Una vez, fui a un culto en la Iglesia cristiana de Bánica. Era muy lindo y había muchas personas que cantaban muchas alabanzas; había muchos coros, muchas personas hablaban en lenguas y tenían el Espíritu Santo de Dios. Algunas jóvenes representaron un drama cantando una alabanza y mostrando cómo se bailaba. Las personas que dan los cultos en la Iglesia cristiana de Guayabal al principio eran solamente dominicanos, pero ahora hay unos haitianos que los hacen junto con los dominicanos, la pastora y el pastor de Bánica. Ellos son los que dan siempre los cultos con las demás personas y van cada domingo.

Le doy muchas gracias a Dios por no dejarme andar en malos pasos ni en malos caminos, y por siempre estar conmigo en las buenas y en las malas. Después que me convertí en la Iglesia de Guayabal, he tomado el camino del Señor y nunca lo dejaré. Me gusta la religión cristiana porque no me agradan las personas impías. Creo en Dios porque sé que él es bueno y poderoso; todo lo que uno le pide de corazón y con fe, él lo da. También tengo fe en él porque sé que al estar en circunstancias malas, oro a Dios y él me da lo que le pida, sea trabajando, sea regalado, o alguna otra forma. De las personas que conozco, muchas creen en Dios, y otras, no, solo oran cuando tienen problemas; pero no es así, uno tiene que creer en Dios en las buenas y en las malas: todo el tiempo.

En este país, muchos dicen, cada vez que van a hacer algo, que se hará si Dios quiere, porque muchas personas creen en Dios. Una frase muy común es "si Dios quiere". Así se le responde a alguien que quiere hacer algo, o espera que pase algo. Aunque no sean cristianos, saben que, si Dios no quiere que una cosa se haga o suceda, no se hará ni tampoco sucederá. Hay personas que lo dicen como un dicho, como mencioné ahorita.

Capítulo 9

Conocí a Line en Guayabal, durante un culto. Yo había ido a ese culto con Yosin, una hermana de Line que era amiga de Mamota, y ella me mandó a buscarle una cosa en la casa de su marido, no recuerdo qué. A las cinco de la tarde, mientras estaba en su casa, llegó Line con un motoconcho y me preguntó: "¿Dónde está Yosin?". Le contesté que estaba en un culto en la Iglesia cristiana, y él me pidió que le dijera que su hermano había venido de Santo Domingo y que la estaba llamando. Después de esa conversación, regresé al culto con lo que había ido a buscar y le dije el mensaje.

Line nació en Thomassique, un campo fronterizo en el departamento Centro de Haití, pero vivió en Santo Domingo con sus padres, quienes se habían mudado allá cuando él era niño. Él fue criado por su tía en Haití durante la mayoría de su niñez, pero se fue para Santo Domingo cuando tenía nueve años para vivir con sus padres. Luego de que cumplió diez años, más o menos, lo mandaron a vivir con Yosin, su hermana mayor, en Guayabal. Tanto Yosin como Yolanda, otra de sus hermanas, habían vivido en Thomassique, se enamoraron de hombres de Guayabal y después se mudaron allá.

Después de estar un mes en el campo, su hermana lo inscribió en la escuela. Line tenía sus propias dificultades por no estar documentado en República Dominicana. Él tampoco tiene un acta de nacimiento dominicana. Tiene una de Haití, pero es mucho más fácil hacer cualquier cosa con un documento dominicano si uno está de este lado de la frontera. Line intentó resolver su declaración con una señora de Guayabal, a quien le pagó para que le hiciera los trámites en la Junta de Bánica. Ella estaba de acuerdo en hacerlo, pero no salió bien. La señora tomó el dinero y empezó a hacer los trámites del documento.

En ese tiempo, Line vivía con su hermana, Yosin, su cuñado, Eladio, y su sobrino, que tenía apenas seis meses de nacido. Cuando el cuñado, que era dominicano, supo que Line estaba haciendo los papeles con la señora, le dijo a Line que le pidiera a la señora que le devolviera el dinero, porque él le iba a hacer los trámites. Entonces, Line le quitó el dinero, por lo que la señora se enojó. Ella esperó que el cuñado de Line hiciera el documento, y fue a la Junta a decir que no eran padre e hijo, sino cuñados. Por eso, la Junta metió preso a Eladio por un día. Estuvo 24 horas encerrado, y luego lo despacharon, pero no le dieron el acta de nacimiento. La señora hizo eso por maldad porque sabía que si ella era quien le hacía el documento, Line iba a votar por su partido político. Hasta ahora, él no tiene sus documentos de República Dominicana, y el acta de nacimiento de Haití casi no sirve para nada de este lado de la isla.

Yosin lo inscribió en la escuela de Guayabal con los documentos de Eladio, y la directora lo permitió. Él estaba en el segundo grado, y yo en el tercero. En ese tiempo, Line y yo éramos solamente amigos; no hacíamos nada malo, siempre jugábamos, y cada uno respetaba al otro. Lo que me llamaba la atención de él era cómo me miraba, cómo hablaba cariñosamente conmigo, y que era una buena persona y muy amable. Él es muy lindo y siempre se vestía muy bien, nunca se mantenía con ropa sucia.

En los recreos, los alumnos escuchábamos música, hacíamos ejercicio, jugábamos pelota con un bate de madera. Una vez me caí dentro de un pozo cuando jugábamos a la correa. También nos entreteníamos con el juego "que pase la señorita", que se juega con varios niños y niñas; en el juego, hay dos equipos, y cada uno elige una cosa que le guste y un representante. Cada uno de estos decide qué es esa cosa, por ejemplo: avión, helicóptero, manzana, pera, uva, piña, o lo que a uno le guste, que será el nombre, y empiezan a jugar. Los dos representantes que están compitiendo se agarran de las manos y forman un puente para que los demás niños pasen por debajo. Cuando atrapan a uno, lo apartan un poco de donde están los demás para preguntarle cuál de las dos opciones le gusta. Según lo que diga, debe formarse detrás del representante que había elegido esa cosa. Después que ya no hay más niños, se dibuja una raya o una línea en el suelo, y los representantes, enfrentados, tienen a todos los niños que ganó su equipo detrás suyo agarrados de la cintura. Luego, los dos equipos tiran con fuerza al contrario, y el que cruce la raya pierde. Así es el juego.

A veces los profesores nos ponían a recoger los papeles y la basura que había en el patio de la escuela. También jugábamos pelota y otros juegos con el profesor Pedro porque a él le gustaba divertirse con nosotros. Había días que yo llevaba dinero para comprar algunas cosas de comer del colmado que está ahí mismo, cerca de la escuela cuando pitaran al recreo, y las compartía con mis demás amigas y amigos. A su vez, cuando ellas llevaban cosas, compartían conmigo y siempre nos tratábamos bien en todo lo que hacíamos.

Cuando Line y yo íbamos a la escuela de Guayabal, solamente estuvimos juntos en el quinto curso, porque yo tuve que repetirlo, como expliqué anteriormente. Gracias a que el tercer y el cuarto grado estaban juntos, pasamos ese año en la misma aula con el maestro Pedro.

Es difícil a veces para los maestros dar dos grados juntos, porque tienen que dividir la pizarra para dar tareas distintas a los alumnos de cada curso.

Cuando conocí a Line, solo lo veía como un amigo, pero al pasar el tiempo, nos enamoramos; yo tenía 12 años, y él, 14. En quinto grado, el primo de Line me dio un papel que decía que estaba enamorado de mí. Como este primo también gustaba de mí, le mandé un papelito para preguntar cuál de los dos era, porque quien me gustaba era Line, no su primo. Me respondió que era Line, entonces le dije que sí. Desde esa vez, todos los días siempre me sentaba al lado suyo en la escuela, pero creo que nadie sabía que éramos novios porque no nos decían nada. Si Line me veía jugando con otros muchachos varones, se ponía celoso.

Chembo y Mamota tampoco lo sabían. Incluso un día, Mamota le dijo a Line: "Yo quiero que cuando tú estés en la escuela y veas que Isabel está jugando con un varón, tú agarres una barra y le des, y cuando tú vengas, me lo dices". Line se puso muy contento, y yo no podía jugar con ningún varón porque él se lo iba a decir todo a Mamota, aunque Line no golpeaba a nadie. Hasta que un día en la escuela, tocaron el timbre para el recreo, y Line, Yulisa, Yuli, Daniela y yo nos quedamos dentro. Él puso música en un teléfono que tenía, y un hermano de Yulisa fue y le contó a Naomi, una muchacha del campo, que nosotras estábamos bailando con Line, y también le dijo que él era mi novio. La muchacha se lo repitió a Mamota, y entonces ella me dio muchos golpes. A partir de ese día, Mamota no quiso saber de Line.

Tiempo después, él se fue para La Capital y duró un año allá, viviendo con sus padres en Las Minas, pero siempre me llamaba por teléfono. Yo me comunicaba con Line con un teléfono que me había regalado un sobrinito de Chembo. Para hablar con él, yo activaba "favorito", y así siempre nos comunicábamos y no gastábamos tantos minutos. Activar favorito es cuando una persona se comunica mucho con otra y no quiere gastar tantos minutos, entonces carga 100 pesos y activa el favorito por 500 llamadas, luego carga 30 pesos más para activarlo. Con este modo, uno puede hacer llamadas de hasta cinco minutos, y si se pasa de ese límite, tendrá que volver a cargar 30 pesos. Después de 500 llamadas tendrá que activarlo de nuevo.

Pero un día Mamota me quitó el teléfono y me dijo que era porque una persona le había dicho que yo hablaba todos los días con Line, entonces me dio una pela. Lo escondió en un lugar, y Chembo lo había quitado de ese lugar. Cuando ella fue a buscarlo, no lo encontró donde lo había dejado, entonces pensó que lo había tomado yo. Me dijo que me hincara para darme una pela, pero como yo no sabía nada del teléfono, me puse a jurar. En ese momento, Chembo se levantó, lo buscó y se lo dio a Mamota. Ella lo tomó y lo tiró en la letrina para que yo no hablara más por teléfono con Line. Desde ese día, casi no me comunicaba con él.

Pero tiempo después, el hermano de Chembo, que había venido de La Capital a vivir para el campo, siempre me daba su teléfono para que yo se lo cargara con el cargador de Chembo, porque él no tenía uno. Entonces, yo podía llamar a Line, pero nunca nadie se dio cuenta de que yo hablaba con él; de lo contrario, Mamota casi me mataría a golpes.

Después de un año, él regresó al campo, y siempre que podíamos, hablábamos personalmente. Él podía viajar desde el campo hasta Santo Domingo sin tantos problemas porque usaba un acta de nacimiento que pertenecía al hijo mayor de Eladio, que había muerto trágicamente en un accidente vehicular; su cuñado le había dicho que podía usarla, ya que no tenía documentos.

Mientras él estaba en Guayabal, yo también le enviaba cartas o le mandaba a decir algo con personas de confianza porque no podía hablar tanto con él. Mis amigas y sus amigos nos ayudaban porque desde que él había regresado al campo,

Mamota no me dejaba ir a ningún lugar; ella pensaba que yo iba hablar con Line a escondidas. Sabía pasar hasta una semana sin hablar con él, por eso le mandaba las cartas. Las hacía con páginas de mi cuaderno, le escribía muchas palabras lindas, y le pintaba dibujos, como corazones y flores; él también me mandaba cartas con muchas cosas bonitas. En ese tiempo, Line casi no paraba en el campo, sino que iba y venía entre Santo Domingo y Guayabal.

Yo seguí la escuela, pero lamentablemente Line no podía continuar porque pasaba parte del año en Santo Domingo y parte en Guayabal. Yo esperaba que pudiera estar en el campo cuando se cerraran las clases después de sexto grado, porque la escuela había preparado algunas actividades con nosotros, sus alumnos; eran algunas fiestas, como cocinar para todos los estudiantes. La profesora Dania llevaba su radio a la escuela y nos ponía música para que bailáramos y nos divirtiéramos.

Creo que en la mayoría de las escuelas en República Dominicana hacen una fiesta después de cada año, porque a los dominicanos y las dominicanas les encanta bailar y escuchar música; siempre era muy divertido en Guayabal. Dania fue mi primera profesora en la escuela por varios años y ahora ella es directora allá mismo porque trabajaba muy duro. No hay tantas mujeres como hombres que sean directoras de las escuelas en el país, así que ella es un buen ejemplo para las mujeres que quieren seguir adelante.

Cuando pasé el sexto grado, me inscribieron en la escuela de Sabana Cruz para cursar séptimo. Tenía que levantarme a las cinco y media de la mañana para llegar temprano a la escuela porque estaba ubicada a más de seis kilómetros de Guayabal. Iba a pie hasta allá, pero a veces encontraba a alguien que me daba una bola en su camión o moto.

En la escuela de Sabana Cruz había más de 300 alumnos. Los profesores eran muy buenos conmigo, y nos daban leche y pan a la hora del desayuno. No cocinaban el almuerzo en esa época porque las clases eran desde las ocho de la mañana hasta las doce del mediodía para los estudiantes de quinto a octavo. Junto con los muchachos de Sabana Cruz, iban estudiantes de Guayabal, Pilón, Hato Viejo, Guaroa y del mismo lugar; todos caminaban varias horas en total cada semana para llegar a la escuela. Los chicos en Guaroa tenían dos horas de caminata para llegar a Sabana Cruz, y dos horas más para regresar a la casa si no encontraban una bola, entonces, era frecuente que dejaran de estudiar después de sexto grado.

Yo tenía cinco amigas cuando estudiaba en Sabana Cruz, tres de allá y dos de Guayabal. No hice muchas amigas porque mis compañeras eran muy chismosas y les gustaba buscar problemas, y eso a mí no me gusta.

La escuela de Sabana Cruz era más grande que las de los campos más aislados, y también tenía más recursos, como libros de cuentos. Conozco a muchos maestros buenos de Hato Viejo y Sabana Cruz que enseñaron en mi escuela nueva. Una de ellas se llama Mónica; era mi profesora de ciencias sociales, y nos enseñaba y nos trataba muy bien. Un día se me había quedado un abrigo en la escuela, y la llamé para que fuera a buscarlo; ella fue, me lo buscó, y al otro día me lo entregó. Había otra profesora de inglés que también era buena con todos los alumnos y nos enseñaba los números del uno al diez, los saludos, y algo más.

Tuvimos educación sexual: nos enseñaron que todos los hombres y todas las mujeres tenemos que protegernos y que debemos esperar a tener una edad correcta para mantener relaciones sexuales. Nos decían que alguien que tiene sexo sin protección puede contagiarse de cualquier tipo de enfermedad, como VIH, gonorrea, y algunas más. Entonces yo me acordaba de ese bien.

Siempre que Line venía al campo, como tres veces al año, yo me ponía contenta. Se quedaba algunos meses, pero luego se iba porque la gente, si lo veían hablando conmigo, se lo decían a Mamota; ella le decía a Yosin que lo mandara de regreso, y ella así lo hacía. En ese tiempo ya éramos novios, pero como en secreto, porque Mamota no lo quería.

La última vez que regresó, compró una moto. Un día que Line estaba en La Capital, tuvo un sueño en el mes de la Semana Santa y jugó una tripleta de 2 pesos en la lotería con los números que le aparecieron en su sueño, aunque no creía que fueran a salir. Cuando salieron los premios recordó que había jugado tres números, entonces mandó a su hermanito a la banca para ver los premios. Su hermanito, al regresar, le dijo: "¡Te sacaste una tripleta!". Habían salido los tres números que había jugado.

Line me contó que él se sorprendió y se fue corriendo para la banca a ver si era verdad. Cuando llegó, pudo ver que los tres números habían salido. Se puso muy feliz porque había ganado 40.000 pesos. Presentó el papelito de lotería a las personas de la banca, y ellos le entregaron el dinero. Llamó a Yosin y le avisó que iba para el campo. Con lo que ganó le compró una moto roja y vieja a un joven de Guayabal que la vendía por 15.000 pesos. Le prestó a su hermana y a Eladio 10.000 pesos, porque ellos lo pidieron. Con los 7.000 que quedaron, compró unos chivitos para criarlos y vendérselos a una persona que vende muchos chivos para ganar un poco más de dinero, y también guardó una parte de las ganancias.

A él todavía le gusta jugar en la banca, y siempre tiene esperanza de ganar otra vez. Las personas que no hablan español pueden confundir una banca con un banco porque casi tienen el mismo nombre, pero no son iguales: la banca es de jugar lotería, y el banco es de depositar y guardar dinero.

Poco tiempo después de tener la moto, Line y un amigo tuvieron un accidente mientras iban a buscar los papeles donde el dueño. Iban corriendo en la muy rápido, él se dio un golpe en la cabeza y al amigo se le partió un brazo. Una persona que pasaba los llevó al hospital de Bánica, desde donde los mandaron para San Juan. Yo lloraba y oraba a Dios que no le pasara nada malo. Estuvieron tres días en el hospital de San Juan, y yo no podía hablar con él porque no tenía mi propio teléfono. En las horas de escuela, yo estaba muy triste, y el profesor me preguntó qué tenía. Mis compañeros le dijeron que mi novio había tenido un accidente, así que él me dijo: "Toma el teléfono, llámalo para que sepas cómo está él". Tomé el teléfono, lo llamé, y me respondió su hermana. Le dio el teléfono a Line, entonces pude hablar con él y preguntarle cómo estaba. Me contestó que estaba bien y que le iban a dar de alta al día siguiente.

  Me puse muy feliz cuando llegó del hospital porque tenía muchas ganas de verlo. Mamota me dijo que fuera a saludar a Yosin, pero yo le respondí que no, que yo tenía que saludarlo a él, y ella no iba a querer. Así que no fui porque Mamota no me dejó, pero le mandé saludos con una amiga.

  Tiempo después, el acta de nacimiento que Line usaba, la que le había prestado Eladio, se venció porque había pasado demasiado tiempo sin sacar la cédula, por lo que los militares dejaron de aceptarla como identificación. Entonces, la última vez que Line llegó a Guayabal, ya no tuvo otra forma ni el dinero para regresar a La Capital. Luego que sucedió su accidente, yo no tenía permiso de Mamota para verlo ni hablar con él. Por eso, a los dos meses, Line y yo escapamos a Haití.

Capítulo 10

El 8 de octubre del año 2013, Line y yo nos fuimos, yo de mi casa y él de la de su hermana. Él tenía 16 años, y yo, 14. La verdad es que la idea de escaparnos fue de los dos. Line siempre me decía que me fuera con él, y yo al principio no quería, pero luego vi que Mamota me daba golpes sin tener la razón, y me decidí a irme. Antes de pensar en escapar con Line, yo decía que si ella me seguía dando golpes, me iba a ir a vivir con mi tío en Puerto Príncipe.

Un día que me dio una pela, yo dije que era la última vez.

Eso ocurría en muchas ocasiones: por ejemplo, un día, apenas regresé de la escuela, le pedí a Mamota que, como yo estaba cansada de caminar, esperara para empezar la limpieza. Entonces ella se enojó, y por eso me dio muchos golpes.

Me pegaba por la cabeza, por el brazo, por todo el cuerpo con palos, barras, correas, con su mano y con muchas cosas más que no debería. La verdad es que me golpeaba como quería porque no sabía lo que era el dolor de un hijo; además, esto sucedía cuando estaba muy enojada y perdía el control. Me ponía un poco triste dejar a Chembo solo con Mamota, porque yo les hacía los mandados. Yo lo quiero mucho, como si fuera mi padre, y él a mí también, pero como no podía vivir con tanto abuso de Mamota y quería estar con Line, tenía que salir de la casa.

Antes de escapar, hicimos un plan. Un día jueves a las tres de la tarde, Line y un amigo de Haití planificaron la huida. Íbamos a ir a la casa de este amigo. Nos iríamos a las nueve de la noche. Cuando fueron las seis de la tarde, el amigo de Line llegó de Haití y se quedó tres horas sentado en la galería de la casa de Yosin, esperando hasta que diera la hora de irnos. La hermana de Line y las demás personas lo vieron sentado hablando con Line, pero nadie sabía de qué hablaban. Mamota, Yosin y una amiga de ellas se habían ido para Haití a hacer una diligencia. Así se nos hizo más fácil planificar el escape. En ese tiempo que Mamota no estaba, yo arreglé mi bulto, y Line el suyo; ni Mamota ni Yosin se dieron cuenta. Creo que si ella hubiera estado ese día en la casa, a mí se me habría hecho difícil hablar con Line y planificar el escape. A él no se le haría difícil porque como solía ir para Haití a visitar a su familia y se lo llevaba, siempre tenía su bulto arreglado.

Cuando nos escapamos, todavía Mamota y Chembo no se habían acostado a dormir. Él estaba en la casa de su hermana mirando televisión, y Mamota y yo veníamos de la casa de su amiga. Pero ella pasó por la casa de su cuñada, yo la dejé allá y me fui para la casa.

Recuerdo que yo había guardado mi bulto pequeño detrás de la cama, listo para irme. Cuando llegó la hora, abrí la puerta para tirar el bulto y quien la atrapó fue Line. Apenas cerré la puerta detrás de mí, llegó Mamota. Le hice creer que iba para donde una hermana de Chembo a beber agua.

Ella me llamaba, pero yo no le respondí. Cuando pasó detrás de la casa, Line estaba ahí, pero no lo vio; un amigo de Line me vio y se puso a llamar a Line porque pensó que me iba con otra persona. Me fui sola en la oscuridad hasta que me encontré con el amigo de Line. Siempre le he tenido miedo a la oscuridad, pero ese día, no. Seguimos el camino y, más adelante, nos encontramos con Line.

Toda la familia de Chembo salió a buscarnos, pero teníamos dos personas que nos avisaban por teléfono. Nos dijeron que nos iban a seguir por el mismo camino donde estábamos, y que todos llevaban palos, piedras y machetes.

Uno les dijo: "Ustedes van a perseguirlos, pero ellos están armados", y todos se devolvieron corriendo porque les dio miedo. Era mentira, no estábamos armados.

Chembo le dijo a Eladio que sacara la moto de Line para prenderla fuego, porque creían que Yosin sabía, pero no era así. Ella no sabía nada. Solo tres amigas nuestras de Guayabal sabían que nos íbamos a escapar. Ellas eran quienes nos decían qué sucedía después de que nos fuimos. Hasta ahora, nadie sabe quiénes fueron. Además de Line, nuestras tres amigas y yo nadie más estaba al tanto del plan, y hasta ahora ninguno se ha dado cuenta de que esas tres personas lo sabían.

Yo me sentía un poco libre solamente, pero no estaba muy segura; hasta que no cruzamos el Río Artibonito, yo tenía mucho miedo. Pensaba que Chembo y Mamota me podían encontrar mientras estuviera del lado de República Dominicana. Después que cruzamos el río, me sentí más tranquila y con menos miedo.

Chembo y Mamota me criaron desde los cuatro años hasta los 14 años, pero después que me fui de la casa, me convertí en una persona más o menos independiente, con Line a mi lado.

Yo tenía mucho miedo de que Chembo y Mamota nos encontraran porque iban a hacer muchos escándalos. No quería que Chembo discutiera con Line porque no me gustan los problemas y para que su familia no dijera que lo había metido en líos.

Cuando nos escapamos y nos fuimos para Haití, Line dejó su moto en la casa de Yosin, en Guayabal. No se la llevó porque el camino por donde anduvimos era muy difícil y porque ese día el río estaba un poco hondo; era de noche, y se nos iba a hacer más difícil cruzarlo con la moto. Salimos de Guayabal a las nueve de la noche y llegamos a su casa en un lugar llamado Delma, cerca de la frontera, a las 11. El amigo de Line nos llevó a dormir para la casa de su suegra, y ellos nos recibieron bien.

Caminamos dos horas entre Guayabal y la frontera y cuando llegamos, la señora nos dio comida de arroz y habichuelas. Line comió, pero yo no porque estaba asustada. Luego nos arreglaron una nata, que es algo que hacen con tallos de plátanos, y nos acostamos. Pero a las dos de la mañana, la dueña de la casa empezó a discutir y nos dijo que nos fuéramos. No sé por qué estaba así. El amigo de Line nos preguntó si habíamos estado hablando, y le dijimos que no. Pero parece que ella no tenía todo su juicio porque quería que nos fuéramos a esa hora. Esperamos que amaneciera porque en Haití es peligroso caminar de noche, al igual que en República Dominicana.

Al día siguiente, nos fuimos para la casa del tío de Line y cuando llegamos, su tío y su primo estaban en la casa, y los saludamos. El tío vive en un campo llamado Hadeio, que está un poco retirado del pueblo de Thomassique, pero las personas van y vienen a pie. Nos sentamos y conversamos un poco.

Una hora después, llegó un amigo de Guayabal que sabía dónde vivía la famila de Line y se puso a hablar con nosotros. Nos dijo que Chembo y Mamota estaban muy enojados y que habían dicho que Line no iba a poder regresar a Guayabal. Nos preguntó si planeábamos regresar para Guayabal, y le dijimos que no, que nos iríamos para Santo Domingo en algunas semanas. No sabía qué decirnos, solo que viéramos, que hiciéramos lo que más nos convenía y que nos cuidáramos. Luego se fue.

Después otra vez me dio mucho miedo; no quería que me encontraran porque, si lo hacían, Mamota casi me mataría a golpes. Line me dijo que me tranquilizara, que me iba a llevar para la casa de una tía suya, llamada Chita, y yo me calmé un poco.

Luego, nos acostamos a dormir un poco porque habíamos perdido mucho sueño. Como a las cinco de la tarde despertamos y nos fuimos a bañar a una cañada. Jugamos un poco, y Line me enseñó algunos lugares. Después volvimos para la casa.

Pasamos los primeros días así, gozando juntos y también planificando nuestra mudanza a La Capital. Una tarde, yo me quedé en la casa de su tío con un niño, y Line se fue con su tío para el mercado a comprarme algunas cosas para que cocinara. Line todavía tenía un poco de dinero de cuando ganó la lotería, y con eso nos manteníamos. Regresó una hora más tarde, y su tío me dio un pollo de los que él criaba para que lo cocinara. Así que preparé un moro de habichuelas negras con carne guisada.

Los días siguientes, Line empezó a hacer diligencias para irnos para Santo Domingo y después de tres días, nos fuimos a la casa de su tía.

Él llamó a su primo por teléfono mientras estábamos en lo de su tío para que nos fuera a buscar en su moto. Nos llevó para la casa de su mamá, en Delma, donde él vivía también. La vivienda de Chita es de zinc y madera, y tenía una habitación donde nosotros pudimos dormir. Cuando llegamos, saludamos a todas las personas y luego fuimos a visitar a otra tía que vivía cerca. Ellos no sabían hablar mucho español, y no me sentí muy cómoda porque no sabía hablar muy bien kreyol. Conversamos un poco y luego nos fuimos a acostar. Al otro día, él se fue para el mercado y me compró algunas cosas, como dulces, pan marta, y otras más para que su tía cocinara.

Todas las tardes nos íbamos a bañar a una cañada, a veces con su primo en la moto, y paseábamos por el parque, que era muy lindo y muy grande. Estaba en el mismo barrio donde vivía Chita. Tenía una cancha de básquetbol, muchos banquitos de cemento para sentarse y algunas matas de flores.

Mientras vivíamos con Chita, yo ayudaba a fregar los trastes y a barrer el patio de su casa, y Line también ayudaba con unas diligencias. El trabajo de Chita es armar serones para vender en los mercados en Haití. Un serón es lo que se le pone a los asnos para buscar agua; muchas personas de los campos los usan para cargar cosas. Ella los prepara con sus propias manos y busca los guanos en el bosque para hacerlos; vende uno por 300 *gourdes*.

Después de unas semanas, un hermano de Mamota que vivió en Haití nos estaba buscando, pero no pudo encontrarnos. Fue a la casa de la abuela de Line en Thomassique, pero no estábamos allí. Estábamos cerca de la casa, pero él no sabía dónde. Quienes estaban en la casa en ese momento eran unos sobrinos de Line, pero la abuela se había ido para el mercado, y no estaba en casa. Entonces él les preguntó a los muchachos si Line estaba allí y si no sabían dónde estábamos viviendo. Como ellos son muchachos bien educados, le respondieron que no, pero la verdad es que sí lo sabían. Estuvo muy bien lo que hicieron. Me quedé sorprendida porque hay algunos niños que no son así, que si alguien les pregunta dónde está fulano o fulana, le dan la información. No debe hacer así, porque uno no sabe para qué lo está buscando, si es para bien o para mal. Por esa razón, uno tiene que enseñarles a sus hijos que, cuando una persona venga buscando a alguien, tienen que decirle que no estamos, aunque sí nos encontremos allí.

Desafortunadamente, después de que yo escapé, no podía ir más a la escuela. Desde entonces, no seguí estudiando formalmente. Además, en República Dominicana, cuando uno llega al primero de bachiller, tiene que tener un acta de nacimiento, y no la tengo. Por eso no seguí mis estudios, porque no tengo papeles para matricularme.

Después que Line y yo estamos juntos, he aprendido mucho más el kreyol porque él me ha enseñado. Lo he ido aprendiendo poco a poco, y sigo practicando. También escucho hablar a las personas, pero la verdad es que hay muchas cosas que todavía no entiendo.

Comoquiera, soy haitiana porque mi papá y mi mamá lo eran, pero soy nacida y criada en República Dominicana, y por eso hablo más el español. Mi forma de ser es más dominicana que haitiana por mi crianza. Todo lo que sé y lo que hago es tal como lo hacen los dominicanos porque no conozco Haití tan profundamente aunque haya pasado tiempo viviendo allá.

A mí me gustan la música, la comida y la cultura de Haití. Me gusta cómo hacen las fiestas todos los años para el 18 de mayo, cómo los alumnos bailan y cómo disfrutan las fiestas, que celebran durante un mes. En lugares donde hay una escuela, los alumnos bailan y concursan; según el puesto que ganan, les dan reconocimiento (como una medalla). Bailan por grupos, los varones por un lado, y las hembras por otro. Le llaman "dicime", y es muy lindo. Hay dominicanos que dicen que les gusta la música haitiana más que la música dominicana, pero a mí me gustan los dos tipos.

Algunos alimentos de allá son diferentes a la comida de República Dominicana. En Haití, en el pueblo donde viví, preparaban el desayuno por la mañana y luego cocinaban en la tardecita, casi de noche. En República Dominicana, en cambio, se hace desayuno por la mañana, almuerzo al mediodía, y cena en la noche. Es posible que ellos hagan dos comidas porque allá hay pocos recursos y un nivel muy alto de pobreza. En Haití, comen cosas diferentes como greña, que son los pedacitos que sobran del arroz cuando le quitan las cáscaras en el molino.

En República Dominicana, la mayoría de los dominicanos no comen greña, pero algunos se la cocinan a los trabajadores haitianos. En Haití, ese es el arroz que come la mayoría porque es barato. Hay haitianos que cocinan el arroz entero, pero no todos: muchos no pueden conseguir ese arroz porque es muy caro.

También comen miyo, anconi, mango hervido y asado, que son las cosas que comíamos mucho cuando vivíamos allá. Muchos alimentos se comen en los dos países de la isla Hispaniola, como fideos, habichuelas, aguacate, harina de trigo, chenchen (que preparancon maíz molido, caña, y otras cosas más). El agua es muy cara para los haitianos: un botellón cuesta 80 pesos, mientras que en República Dominicana cuesta entre 30 y 50 pesos.

En Haití, donde estábamos, pasan mucho trabajo para buscar agua. Cuando la cañada se seca, tienen que ir a las llaves que están a cinco kilómetros; si no, van al Río Artibonito, pero toma un par de horas caminar para allá desde donde nos quedábamos. Salen desde la casa a las cinco de la mañana para lavar en el río, cocinan y comen allá, pasan el día entero haciendo oficio, y regresan a las cinco de la tarde.

Estuvimos cuatro semanas en la casa de Chita. Nos sentimos bien allí, porque Line había vivido cerca durante su niñez en Haití, entonces conocía muy bien el lugar. Pero nuestro plan era ir a La Capital para vivir en la casa de sus padres. Line hacía muchas diligencias, y también se comunicaba con su familia, que estaba en La Capital, para preparar el viaje.

Capítulo 11

Line y yo habíamos planeado ir a Santo Domingo, pero cambiamos de idea porque la inmigración dominicana mandó a una de sus tías, Memena, a Haití. Ella vivía en La Capital, y un día que salió a vender frutas en la calle (porque ese era su negocio), la inmigración la agarró y la mandó para su país porque no tenía papeles ni una visa para estar en República Dominicana. La mandaron para allá por la ruta que pasa por Jimaní, que está en el sur. Cuando deportan a una persona por ese camino, a veces le queda muy lejos del lugar adonde tiene que ir, y eso fue lo que le pasó a ella, porque su familia no vive cerca de Jimaní.

Nos dijo que después que los militares la cruzaron al otro lado de la frontera, ella se fue caminando un buen trozo junto con otros haitianos deportados. Después tomó dos guaguas hasta Hinche y, al llegar, le pagó a un motorista para que la llevara a la casa de su familia en Thomassique. La inmigración la agarró a las diez de la mañana, y llegó a su casa en Haití a las ocho de la noche; nos dijo que la guagua que tomó se paraba en todos los lugares para subir pasajeros, y por eso también llegó tarde.

El día después de su llegada a Delma, Line y yo íbamos a salir para La Capital, así que hablamos con ella y le preguntamos si iba a viajar enseguida y regresar, porque tenía toda su vida en Santo Domingo. Ella nos dijo que se iba a quedar una semana con sus hijos en Haití y que luego regresaría para La

Capital.

A veces, la inmigración dominicana saca a la gente de su casa y anda por todos lados recogiendo a los que no tienen documentos. Con frecuencia, van a los campos donde saben que hay muchos haitianos, y mientras están durmiendo, a las dos de la mañana, los sacan de sus casas. Se los llevan por Jimaní, la frontera en el sur, y los cruzan al otro lado. Muchos de ellos andan sin dinero, y cuando inmigración los agarra, no pueden volver a recoger sus cosas. A algunos los golpean, y los que estaban recogidos pasan hambre y ni siquiera saben adónde los llevan, porque Jimaní está muy lejos de todo.

Muchos haitianos, aunque los traten mal en República Dominicana, prefieren quedarse en vez de ir a su país porque en Haití casi no hay trabajo; a pesar de que los manden para allá, regresan otra vez a buscar una ocupación. Pero hay otros que dicen que no vienen a este lado porque algunos dominicanos no quieren saber de ellos.

Para que los haitianos puedan viajar a Santo Domingo, tienen que pagar mucho dinero. Si tienen documentos, pagan 600 pesos como los demás dominicanos, pero si no los tienen les cobran 8.000 pesos o más para transportarlos, que a veces incluyen sobornos que los camioneros les pagan a los militares para que los dejen pasar los chequeos.

Yo no tengo documentos, pero le doy gracias a Dios que siempre que he venido a La Capital no me los han solicitado, porque la verdad yo parezco más dominicana que haitiana. También, yo digo soy dominicana así que yo no tendría problemas.

La inmigración y los militares buscan a los haitianos por su color, por su forma de ser, por cómo se peinan o porque hablan enredado cuando saludan. Una vez que los identifican, desde luego los detienen, les piden sus documentos y, cuando ven que no los tienen, confirman que son haitianos. Eso es lo que he visto y he escuchado que dice la gente, que los militares reconocen a los haitianos de esa manera. Sin embargo, algunas veces se han confundido con dominicanas que se peinan como haitianas y son negras; entonces ellos les piden los documentos y luego se dan cuenta de que son dominicanas.

Si los militares encuentran a algunos haitianos sin papeles que vienen en una guagua pasajera para La Capital, los apean y los hacen volver a pie; si los haitianos tienen sus pasajes, le pagan a alguien para que los lleve a la frontera. Pero es muy raro que devuelvan a un haitiano cuando está a mitad de camino a La Capital, porque los choferes que los traen tienen contacto con algunos militares en los puestos de chequeo; por eso a ellos los dejan pasar. En cambio, devuelven a los que viajan solos y no tienen un acuerdo con el chofer de la guagua para que les permitan continuar.

Cuando grupos de haitianos cruzan la frontera con República Dominicana, se juntan muchos de todos lados de Haití; puede ser 50 o más porque es más seguro. Caminan escondidos por los bosques y las montañas, incluso durante épocas de lluvia, entonces todos se mojan y se ensucian. Le pagan a un *bokon* (como se dice en kreyol) para que los guíe a través de los caminos. Pero en algunos casos, ellos pueden engañar a la gente, diciendo que van a ir en un vehículo, que en realidad no tienen; entonces los viajeros deben seguir caminando porque no saben cómo regresar. Los hombres, *coyotes*, como se dice en inglés, ofrecen un servicio de hacer cruzar la frontera a la gente; a estos no les importan mucho las vidas de los demás, sino que solo quieren el dinero que les entregan antes del camino.

Toman el paseo en los montes y los bosques para que los militares no los vean. Como mucha gente trae a sus hijos a pie, entonces puede ser muy peligroso en muchos sentidos.

Algunos tardan hasta cinco días o más para poder llegar a Santo Domingo desde Santiago u otros pueblos. Algunos se pierden en los bosques, y hay quienes hasta se han muerto porque no supieron para dónde ir. Pasan mucho trabajo, como hambre, frío, picaduras de mosquitos, dormir en el bosque, en el suelo, y los conucos donde a veces encuentran algo de comer. Si los militares los encuentran, salen corriendo. Pero si se caen, puede ser que los agarren, les den muchos golpes y los devuelvan para su país.

Lo sé porque algunos conocidos míos me han dicho cómo es y han pasado la misma lucha para venir a este país.

En República Dominicana, algunas personas tratan mal a los haitianos, pero otras se relacionan bien con ellos. La verdad es que no deberían tratarlos mal porque todos somos seres humanos; lamentablemente, no ocurre así. Los haitianos que no tienen documentos son muy discriminados aquí en República Dominicana. Casi no pueden comprar nada a su propio nombre, y es muy difícil buscar atención médica.

Yo creo que todos, tanto haitianos como dominicanos, tenemos que estar siempre unidos, porque Haití y República Dominicana son países vecinos y no deberían tener problemas ni discusiones, pero históricamente no ha ocurrido así.

Entonces, después de escuchar la respuesta de Memena en la casa de Chita, Line y yo cambiamos de planes y nos pusimos de acuerdo en que yo fuera con ella, y él fuera solo, y así lo hicimos a la semana siguiente. Decidimos ir separados porque él parece más haitiano que yo y puede encontrar problemas más fácil, entonces, él buscó otra forma de viajar a Santo Domingo, que no fuera en la guagua de pasajeros, como en la que yo iba a andar.

Otra razón para hacerlo así fue que no nos vieran, porque supuestamente Chembo les había dicho a algunas personas que no íbamos a poder pasar por ningún lugar para llegar a La Capital. Memena le pagó a un motoconcho para que la trasladara por el paso de Bánica desde Delma, en Haití, hasta el río, y Line le pagó a su primo para que me llevara a mí también. Cuando nosotras llegamos a Bánica, el río estaba hondo, así que le pagamos a un hombre para que nos cruzara en una canoa. Luego, nos cambiamos y subimos para la aduana. Allí vi al marido de una sobrina de Chembo, y él también me vio, pero hasta que llamó a más personas en Guayabal para avisarles, yo me subí en la guagua y me fui. Memena se fue en una moto hasta Las Matas de Farfán para pasar sin tener que chequearse en los puestos militares de Sabana Cruz, Higuerito, Matayaya y Las Matas.

Yo seguí sola entonces por el camino desde Bánica hasta Las Matas de Farfán. Cuando llegamos a Sabana Cruz, el chofer se detuvo en el cuartel para que los militares chequearan; cuando terminaron, nos fuimos. En Higuerito, el chofer se paró para que los militares volvieran a revisar la guagua para ver si todos los que subíamos para La Capital teníamos documentos. Siguieron haciéndolo en todos los demás puestos hasta que llegamos a Azua, y después de allí, no nos pararon en ningún otro chequeo. Los militares no me pidieron papeles en ningún momento, entonces me quedé tranquila y sentada mirando afuera de la ventana. De todos modos, yo tenía mi acta de bautismo por si me pedían la documentación.

Cuando pasamos el cuartel de Las Matas de Farfán, Memena estaba esperando ahí y se subió en la guagua. Veníamos muy bien hasta que llegamos a Ocoa. Allí se nos pinchó una goma, y todos tuvimos que apearnos para que el chofer la arreglara; eso pasó fue porque la guagua llevaba demasiadas personas. Era un expreso con capacidad para 42 personas, pero subieron como 60, y hasta pusieron más butacas, de las que antes había en las escuelas, para que los pasajeros se sentaran.

Nosotras compramos algo de comer en un colmado que estaba cerca y esperamos como una hora hasta que estuvo listo el arreglo.

El chofer ni siquiera se paró para que compráramos algo en la parada porque habíamos perdido por el pinchazo; pero no teníamos tanta hambre porque habíamos comido algo en el colmado. El viaje desde la frontera de Elías Piña hasta Santo Domingo es de 194 kilómetros y puede tomar cinco o seis horas si no ocurre ningún problema, pero si hay muchos pasajeros o algo sucede, puede tomar de siete a nueve horas. Si parábamos de nuevo, íbamos a llegar todavía más tarde.

Salimos a las 12 del mediodía y llegamos a Santo Domingo a las nueve de la noche, y gracias a Dios no sucedió ninguna tragedia. Ya hace siete años desde que eso pasó. En ese entonces, pagué 300 pesos por el pasaje desde la parada de Bánica hasta la de La Duarte, donde paran muchas guaguas de transporte a Santo Domingo, pero ahora cuesta 600 pesos.

La mamá y una hermana de Line, Yolanda, a la que yo conocía desde Guayabal cuando ella vivía allá, fueron a buscarme a lo de Memena. Pasaron a las siete de la noche y, como no estábamos todavía, se fueron para su casa.

Llegamos más tarde con un motoconcho. Otra tía de Line nos dijo que me habría buscado, porque yo iba a vivir con los padres de Line en un barrio en el norte de Santo Domingo que se llama Los Minas. Pero como era tarde, tendría que esperar para irme hasta la mañana siguiente. El próximo día, el esposo de otra tía de Line me llevó para Los Minas.

El papá de Line se llama Nene, y su mamá, María. Cuando nos conocimos, me trataron muy bien y conversaron conmigo muy amablemente. Me explicaron cómo era su forma de ser y cómo trabajaban en familia. Yo ni siquiera había hablado con ellos por teléfono antes de mudarme a La Capital, así que esa fue la primera vez que conversé con ellos. Me sentí muy bien por cómo hablaron conmigo y porque estaban de acuerdo con nuestra relación. Como llegué antes que Line, le avisé que había llegado bien con el teléfono de su papá. En ese momento conocí a su hermano más chiquito, Nenecito, que fue el único hijo de Nene y María que vivió con ellos toda su vida. A los dos días, Line vino con un amigo suyo. Los militares no le dijeron nada, gracias a Dios, porque él usó el acta de nacimiento del chico, aunque se venció, y ellos la aceptaron.

Esa no era la primera vez que yo venía a La Capital, entonces no me sentí tan incómoda. Ya había viajado varias veces más con Chembo para San Miguel, a la Venezuela, una avenida grande en Santo Domingo, al almirante a la casa de su familia.

Poco a poco, fui conociendo más al Nene, María, a dos hermanos y a otros familiares que tienen en La Capital. A veces, Line ganaba 500 pesos en un día de trabajo; otras, se iba a trabajar con su papá en construcción, donde ligaba cementos y ayudaba a cargar el cemento ligado con arena. Eso era lo que él hacía. Además, Line ayudaba a limpiar el edificio donde su papá trabajaba y algunas veces le pagaban para desramar árboles. Con el dinero que ganaba comprábamos alimentos, como arroz, habichuelas y carne, y comíamos lo que fuera.

En la casa, yo ayudaba a María a fregar, trapear y a llenar las vasijas de agua cuando llegaba, y también, a Yolanda a lavar la ropa. Nosotros no pagábamos para vivir en casa del Nene; él pagaba por nosotros.

El papá de Line es como un ingeniero, porque es maestro de construcción. Antes tenía mucho trabajo, cuando construía esos edificios, pero desde el año 2019, las obras son muy difíciles de encontrar. Mi suegro es una persona a quien admiro mucho porque, desde que lo conocí, nunca he visto que ofendiera ni que discutiera con nadie. Cuando le hacen algo malo o lo insultan, no dice ni hace nada. Dondequiera que él viva, todos los vecinos y sus amigos hablan bien de él y dicen que no se mete en la vida de nadie. Es un señor muy amable y respetuoso con los demás.

La mamá de Line también es cariñosa y se lleva bien con todos. Era cocinera y vendía hasta 200 platos de comida todos los días donde el Nene trabajaba. Quienes le compraban eran los trabajadores que estaban allí y también la gente de los alrededores. Algunas veces me iba con ella a su trabajo y la ayudaba a limpiar, y me pagaba como 300 o 500 pesos. En ese tiempo, yo no hacía nada más; como no conocía a nadie más en La Capital, siempre estaba acostada, miraba televisión, o me ponía a peinar a las sobrinas de Line y me divertía jugando con ellas.

Santo Domingo es una ciudad muy grande, muy linda, donde venden y hacen de todo. Fabrican muchas cosas, como bloques, cemento, varillas, y hacen puertas, casas, supermercados y ferreterías. Vivir en Santo Domingo era muy diferente para mí porque estaba acostumbrada al campo, donde había estado toda mi vida. En la ciudad hay muchos vehículos y un montón de gente en todos lados; hacen mucha bulla y venden cosas en las calles. En el campo de Guayabal no hay pista hecha, entonces, cuando no llueve, siempre hay mucho polvo. Pero en época de lluvias, los vehículos no pueden transitar muy bien. En Santo Domingo puede haber inundaciones, entonces hay problemas con la lluvia en los lugares que no tienen buena infraestructura.

En Guayabal y en esa zona fronteriza, muchas cosas, como el arroz, los guandules, la yuca, los plátanos, los aguacates, el maíz y la caña, son baratas. También la carne de cerdo, res, chivo y ovejo es barata en el campo, pero en La Capital, las cosas son más caras. En mi campo, el hospital está a diez kilómetros, y la clínica, como a siete kilómetros, y es difícil a veces encontrar transporte, pero en La Capital hay muchos más servicios y recursos disponibles. El pasaje puede ser más caro si se usan los motoconchos en el campo, pero en Santo Domingo es barato porque hay muchos que te quieren llevar. Para cocinar es muy diferente también en las ciudades, porque mientras que en los campos muchas personas cocinan en fogón, en Santo Domingo se utilizan estufas. En Guayabal la gente tiene el río un poco retirado; en cambio, en La Capital no hay casi nada de la naturaleza abierta, solo algunos parques. Pero la luz funciona 24 horas (a veces se va, pero regresa después de un rato), y la mayoría de las calles tienen pista.

La primera semana, cuando llegamos a Los Minas, Line me invitó a ir a dar un paseo por Megacentro, que queda muy cerca de la casa de sus padres. Yo le respondí que sí, y nos fuimos. Cuando salimos, me dijo que fuéramos para donde vive su amigo, al otro lado del Banco BHD que está frente a Megacentro. Vi muchas mujeres en la calle con faldas muy cortas y con el ombligo afuera, y le pregunté a Line qué estaban haciendo. Él me contestó que eran prostitutas. Me quedé sorprendida porque yo pensaba que solamente trabajaban en las discotecas. Como era la primera vez que las veía, me quedé mirándolas parada en el lado de la acera que da a la calle, y de repente me pasó una goma de un carro encima de uno de mis pies. Mis zapatos eran de goma, entonces se me hinchó el pie, pero no me hizo más daño, así que seguí caminando para conocer a los amigos de Line. Esa fue la primera vez que vi prostitutas. Ahora, cuando las veo en la calle, no las miro mucho; la gente dice que a ellas no les gusta que las observen porque piensan que uno está hablando mal de ellas. Yo no soy así, no las juzgo por su forma de vivir porque ese es su trabajo, pero si algún día veo que una viene a hablar conmigo, me voy a ir, porque dicen que algunas de ellas son peligrosas y tigueras.

Aquí, en la República Dominicana, les dicen tigueres o tigueras a las personas astutas que se aprovechan de la gente, o peor, a los que roban, matan, atracan y viven en la calle. Son gente que tiene su mente en la calle y no piensa en sus hijos ni en sus familias. Los tigueres no les tienen miedo a nada ni a nadie. Pelean con los policías, matan a las personas sin piedad y hacen muchas maldades. No tienen amigos, ni creen ni le tienen confianza a nadie. Line no es así: él cuida mucho a su familia y, si puede, les da lo que necesiten a los demás, porque le gusta compartir con sus amigos y amigas, y comprar cosas. Como su papá, nunca le ha hecho mal a nadie y no le gusta pelear. No le agrada que le digan mentiras ni ver personas sufriendo o enfermas. Es una persona muy sana, y por eso lo quiero tanto.

Después que nos mudamos a La Capital, al mes de vivir con Line y su familia, yo estaba muy mala y me sentía muy incómoda. No podía dormir y, cuando me acostaba de noche, no tenía mucho sueño. Cada vez que cerraba los ojos veía muchas cosas muy feas y muy raras. Eran como pesadillas: aparecían personas vestidas de negro, con mucho cabello, rostros muy feos, y me daba mucho miedo, pero gracias a Dios eso ya pasó y no lo veo más.

Pero tenía otros problemas también. No me podía bañar tanto porque, cuando me caía una gota de agua encima, sentía que me picaba todo el cuerpo, y de tanto que me rascaba, hasta me cortaba con las uñas. La piel se me ponía muy roja, y yo lloraba porque me sentía muy mal; no sabía lo que tenía. Dormía de día, pero no podía descansar de noche. Además, me había puesto muy delgada y no tenía nada de apetito para comer; incluso pensé que me iba a morir porque yo me sentí así por un mes y pico. El dengue y el chikunguña son virus que andan mucho en República Dominicana y países tropicales, y como yo tenía algunos síntomas, por ejemplo, estar mareada, floja y con dolores de la cabeza, tal vez me había contagiado de uno de los dos; pero no sé la verdad, porque no me fui al médico a chequearme.

Después de ocho meses, Line no había conseguido empleo fijo, y su papá también tenía problemas para encontrar trabajo. Por otro lado, Nene era quien pagaba la casa para todos. Antes de que nosotros llegáramos, él pagaba 5.000 pesos por él, su hijo más pequeño y su esposa, pero cuando llegamos, la dueña de la casa le subió el pago a 8.000 pesos. Aumentó en 3.000 pesos para nosotros porque decía que los gastos eran mayores con más gente viviendo en la casa.

A veces, cuando Line encontraba un día de trabajo por 500 pesos, compraba algo de comida, pero no le podía dar nada de dinero a su familia porque era muy poco, y se sentía mal por eso. A nosotros nos gusta ser independientes, entonces, decidimos regresar al campo, en Haití, donde Line pudiera trabajar como motoconcho con su moto, que había quedado guardada donde su hermana. La verdad, cuando decidimos irnos para Haití, Nene y María no querían que nos fuéramos, pero a Line y a mí no nos gustaba estar viviendo así ni que todos los gastos de la casa los tuviera su papá.

Capítulo 12

Antes que regresáramos a vivir a Haití, Line llamó a su cuñado Eladio para pedirle que le pagara los 10.000 pesos que él y Yosin le debían. En ese momento, Eladio podía darle el dinero porque tenía empleo fijo en el ayuntamiento de Sabana Cruz y manejaba un camión para llevar mercancías a La Capital. Para que su cuñado pudiera enviarle el dinero, Line le pidió a su tía Chita que mandara a su hijo a buscárselo a Guayabal y que se lo diera a ella para guardarlo hasta que pasáramos por su casa a la semana siguiente.

Una semana después viajamos para Haití. Es mucho más fácil y tranquilo bajar hacia un campo en la frontera, porque, mayormente, a los militares no les importa si uno tiene documentos o no. Aunque uno o una parezca haitiano o haitiana, paga el mismo pasaje como los demás dominicanos. Los guardias en los puestos militares tampoco le solicitan los documentos a casi nadie, porque no van a parar a un haitiano que está yendo para la frontera. Se preocupan mucho más cuando los haitianos van para Santo Domingo, Santiago, u otros lugares que no sean fronterizos.

Salimos de Santo Domingo en la mañana, y el viaje tomó cerca de seis horas. Nos bajamos de la guagua en Bánica y caminamos con nuestros bultos hasta el Río Artibonito para cruzarlo e ir a la casa de Chita. La saludamos, ella le entregó los 10.000 pesos a Line, y luego pasamos una semana en su casa, en Delma, donde nos habíamos quedado la vez anterior, después que nos fuimos a escondidas.

Line mandó a su primo a buscar la moto a la casa de Yosin en Guayabal y le dio las llaves que tenía guardadas desde que escapamos. El primo se fue a pie con un amigo suyo a buscarla. Cuando llegaron, le echaron gasolina que habían llevado de Haití en una botella. Se despidieron de Yosin, que estaba allí con su hijo, Sebastian, y se llevaron la moto a Hato Viejo para cruzarla en un tubo. Pero en Boque Bánica, en Haití, la moto se les apagó y no quiso prender. Entonces llamaron a Line por teléfono y le dijeron que fuera a buscarla; se la iban a apartar en un lugar para que después la encontrara. Line les dijo que no la dejaran, que lo esperaran, que los iba a ayudar a traerla. Salió de Delma y, cuando llegó, la chequeó. Lo que no la dejaba prender era que tenía agua en el carburador. Line la arregló, la encendió de nuevo, y luego regresaron para Thomassique, los tres montados en la moto.

Con una parte de los 10.000 pesos alquilamos una casa en Thomassique que tenía una habitación y una sala. Nos costó 2.500 pesos por un año, porque los alquileres en Haití son baratos. La vivienda era de un vecino de la abuela de Line. Con el dinero que quedó, compramos una cama cuya base era de hierro y un colchón que era una nata; pagamos 2.800 pesos por los dos. Compramos cuatro cortinas, un caldero, una escoba, una ponchera de lavar, una cubeta y unas cucharas. Line le consiguió algunas piezas nuevas a la moto por 1.000 pesos y le prestó otros 1.000 pesos a su primo. Con el dinero que quedó hicimos una compra de comida en el mercado haitiano, y no sobró mucho más. Ya teníamos algunas cosas, como sábanas y platos, y las habíamos traído con nosotros de La Capital.

Para mejorar sus habilidades y para que cuando le pasara algo a su moto él pudiera arreglarla, Line aprendió a hacer algunas cosas de mecánica con un amigo en Haití. Cada vez que se le dañaba una pieza, él se la arreglaba donde su amigo. Line siempre iba a ayudarle a reparar las motos que la gente le traía, y así fue aprendiendo poco a poco a tapar pinchos, a quitar gomas y a desarmar una moto. Su amigo le prestaba los hierros y las llaves para que arreglara la suya propia. Line es muy inteligente, y no lo digo porque es mi marido; es la verdad: él aprendió a hacer muchas cosas sin haber hecho un curso. Yo quisiera aprender a conducir moto; cuando me fui con Line, estaba practicando, pero luego lo dejé.

En Thomassique, Line trabajaba como motoconcho, pero no ganaba casi nada de dinero porque hacía trayectos de hasta diez kilómetros desde el mercado hasta donde vivía el pasajero, y le pagaban muy poco en *gourdes* haitianos. A veces teníamos que comer mango hervido porque no había más alimentos, entonces comíamos lo que sea. Pasamos mucho trabajo mientras vivíamos en Haití, pero no queríamos regresar a Guayabal en ese momento y no teníamos ningún otro lugar donde vivir.

Pasábamos mucho trabajo para buscar agua también, porque teníamos que ir a una cañada que estaba lejos. Había una llave en el pueblo, pero la tenían con candado. A veces la abrían, pero de tanta gente que iba a buscar agua, uno no podía llenar las cubetas o botellas porque era por turno. En Haití, y también en República Dominicana, cuando no hay agua cerca de las comunidades, hay que caminar por lo menos tres kilómetros, y eso es solo de ida, porque tienen que regresar con las cubetas llenas también, y pesan mucho. En Haití los niños y los adultos pasan mucho trabajo; casi todos tienen que luchar mucho para sobrevivir. Van a los mercados a comerciar cosechas o cosas hechas a mano, pero a veces no venden nada. Cuando yo estaba allá, a veces veía niños sin ropa, con hambre, sucios y con los pies descalzos. Si Dios me ayuda y salgo adelante, yo ayudaría a esos niños, a sus padres y a sus familias, porque en todos los países se pasa trabajo, pero en algunos más que en otros.

Las personas de Thomassique me trataban muy bien, y nunca tuve ningún problema con nadie. Cuando vivía allá, iba a una iglesia cristiana a la que también iba mucha gente más; solo iba a escuchar la palabra de Dios y no participaba en nada porque no sabía (ni sé) leer en kreyol ni casi ninguna canción religiosa en ese idioma. Pero como soy cristiana, para no pasar los domingos sin ir a la iglesia, yo iba. Era una iglesia de zinc y madera, y estaba decorada muy linda, con cortinas en todas las paredes y muchas flores. Parecía que no vivían muchos dominicanos en la zona donde estábamos, pero sí en otros lugares cerca de Thomassique.

La verdad es que en ese tiempo no tenía ninguna amiga haitiana porque no conocía a casi nadie aparte de la familia de Line, y no hacía coro con nadie. No aprendí tanto del pueblo de Thomassique porque solo iba a la iglesia cristiana y al mercado. Algo que sé es que en la entrada de la comunidad hay una Iglesia católica muy grande y muy linda, y un parque, el cual también es espacioso y muy bonito.

Chembo y Mamota sabían desde antes que yo había estado en Santo Domingo porque se los había dicho por teléfono, pero no sabían exactamente dónde. Después de un mes y medio de estar en Haití, regresamos a Guayabal para visitar, entonces, llamamos a Chembo y le contamos que ahora vivíamos en Haití y que íbamos a ir a verlo. Al día siguiente, fuimos en la moto de Line desde Thomassique por la Carretera Internacional y cruzamos el río cerca de Hato Viejo y luego nos fuimos para Guayabal.

Cuando llegamos, Chembo estaba sentado en lo de una vecina, al frente de su casa. Nos apeamos de la moto de Line y entramos a saludarlo, y él se puso feliz. Mamota estaba en su casa y, cuando me vio, se puso a discutir con otras mujeres; dijo que no me iba a hablar y que yo no tenía que ir para su casa. Simplemente la saludé por respeto, pero ella no me dijo nada.

Luego me fui para la casa de Yosin, que estaba embarazada de su segundo bebé. Hablamos un rato, y después pasamos a visitar a todos los demás amigos que teníamos en Guayabal. Amanecimos en la casa de Yosin y Eladio, y al día siguiente regresamos a Haití.

Un día, el primo de Line nos dijo que el gobierno haitiano estaba dando fundas de comida, así que fuimos a ver. Había muchas personas buscando fundas y los bandidos empezaron a pelear, a tirar piedras y a quitarle las fundas a los ancianos, entonces nosotros regresamos para la casa. En Haití a veces es así, cuando les van a donar cosas, como ropa, zapatos, alimentos, los bandidos no dejan que les den a los que necesitan.

Después de vivir cuatro meses en Thomassique, salí embarazada de mi primer hijo, Diosli. Durante este embarazo no tuve malestar, comía de todo y no me pasaba nada. Nos enteramos de que estaba embarazada cuando Line me llevó al médico porque me sentía sin fuerza y agotada. Los doctores me hicieron una prueba de embarazo, que dio positivo. Otro análisis mostró que tenía anemia, así que me dieron unas pastillas, y me dijeron que bebiera mucho jugo y que comiera muchas frutas, vegetales y carne. En ese tiempo no comía nada de esas cosas porque Line no tenía dinero para comprármelas. Después que me chequeé en el hospital de Thomassique, no volví a otro control ahí. No pagué para que me atendieran, solo tuve que comprar la tarjeta que me dieron para cuando fuera a consultarme, que costó 50 *gourdes*.

No me casé con Line muy joven, pero salí embarazada con su bebé cuando yo tenía 17 años. Lo hice porque hacía más de seis años que éramos amigos, conocía a la mayoría de su familia y porque lo quiero mucho. Cuando digo que nos casamos, no me refiero a que tuvimos una boda o a que fuimos a la iglesia para registrarnos oficialmente, sino a que prometimos estar juntos. Yo vi que si me casaba con él, me iba a tratar bien y que era muy respetuoso conmigo. En este tiempo es muy difícil encontrar jóvenes así. Muchos embarazan a algunas muchachas y luego no quieren hacerse responsables de sus hijos.

Después de ocho meses de vivir en Haití, regresamos para Guayabal y fuimos a vivir a la casa de Yosin y Eladio porque él no quería que su esposa estuviera sola en la casa. Eladio salía de su casa a las ocho de la mañana a trabajar y regresaba casi a la medianoche, entonces Yosin, que estaba embarazada, se quedaba sola en la casa con su primer hijo, Sebastian, que tenía como cinco años de edad. Otro motivo era que Line y yo podríamos ayudarla a atender unos maníes que ella descosechaba y asistirla antes que diera a luz a su segundo hijo. Nosotros le dijimos que sí. En ese tiempo, yo estaba embarazada, pero todavía podía trabajar en el conuco y ayudar en la casa.

Cuando regresamos a vivir a Guayabal, me sentí mejor que en Haití porque, aunque las cosas eran difíciles para nosotros, no eran como en el país vecino. Además, en Guayabal, Line podía ganar más que en Haití cuando iba a trabajar en su moto. Cuando nos fuimos de Thomassique, dejamos todos nuestros trastes en la casa donde vivíamos, y después de un mes de quedarnos con Yosin y Eladio, Line y un amigo de Guayabal fueron a buscarlos y los trajeron en dos sacos y dos maletas. Luego, su primo lo ayudó a traer el colchón de la cama hasta Boque Bánica, y Line terminó de cargarlo hasta lo de su hermana. La casa del cuñado de Line está hecha de cemento y tiene un techo de zinc; es de dos habitaciones, tiene una galería y una letrina. Mientras vivíamos allí, dormíamos en una habitación que está junto a la cocina, que Yosin usaba para guardar maní. En ese lugar teníamos nuestros trastes y vivíamos. La habitación donde dormíamos no estaba junta con la casa, sino separada.

Nuestros amigos estaban felices por vernos de nuevo, y yo, por ver a mis amigas. Al principio pasábamos tiempo juntas charlando del último año y medio que pasé en Haití y Santo Domingo. Por otro lado, Chembo se puso muy feliz por vernos otra vez, hablaba muy amable con nosotros y nos trató muy bien, pero Mamota se enojaba cuando nos veía y se ponía a hablar algunas cosas detrás de nosotros, como que ella no nos quería y que no debíamos ir a su casa. Chembo me contó que después que me salí de la escuela, mis profesoras le habían dicho que yo era una alumna muy inteligente, que no buscaba problemas, y que era muy respetuosa con todos los demás.

En ese entonces, Line tenía su moto y trabajaba como motoconcho para ganar dinero. Llevaba gente desde el campo hasta Bánica, Sabana Cruz o Pedro Santana, y desde allá regresaba a los campos, como Guayabal, Hato Viejo y Pilón, llevando pasajeros cuando los hallaba. En ese tiempo, él me compraba esas cosas que los doctores me mandaron a comer, como frutas y vegetales, porque yo estaba embarazada de apenas seis meses. Fue entonces que empecé a consultarme en el hospital de Bánica, y cada vez que iba me decían que todo era normal.

Yo ayudaba a Yosin en la casa con los oficios y en el conuco, y también cuidaba de los niños, porque ella había dado a luz en el hospital de Las Matas de Farfán mientras vivíamos con ella, así que tenía su segundo hijo varón, Esteban.
Pero después de tres meses y medio de vivir con ellos, cuando yo estaba embarazada de siete meses, la hermana de Line nos sacó de su casa. El problema era que ella y su marido discutían porque él amanecía afuera de la casa, cosa que no hacía antes

de que nos fuéramos a vivir con ellos. Entonces, mientras estaban discutiendo, él tomó su ropa y se fue de la casa. Yosin empezó a discutir ella sola y nos dijo que nos fuéramos de su casa, que su marido se había ido porque nosotros vivíamos con ellos. Lo que ella no sabía era que él tenía una amante, y por eso amanecía afuera. Pero no le dijimos nada, simplemente nos fuimos.

Nosotros sabíamos que Eladio tenía una amante porque, un día, Line y un amigo suyo fueron para unas fiestas patronales en Sabana Cruz y vieron que estaba bebiendo alcohol y besando a una mujer de Hato Viejo, más joven que él. Cuando Line vino de la fiesta, me lo contó y me pidió que no le dijera nada a su hermana para que no tuviera problemas con su marido. Además, porque tenía un bebé recién nacido y porque sufre de la presión, entonces no le dijimos nada.

Después Yosin se dio cuenta porque la mujer de Hato Viejo siempre lo llamaba a su teléfono; entonces, un día, consiguió el número a escondidas de su marido y, cuando él no estaba, la llamó. La mujer le dijo que era amante de Eladio e insultó con muchas palabras muy feas a Yosin. Después de algunos meses, el cuñado de Line dejó a esa joven y no siguió discutiendo con su esposa. Eladio regresó a vivir en la casa porque, la verdad, era de él.

Capítulo 13

Cuando la hermana de Line nos sacó de su casa, no teníamos donde vivir. Pero después de algunos días, encontramos en Guayabal a un señor llamado Ramirito que nos prestó una vivienda sin tener que pagar, porque la casa estaba un poco fea y rota. Él vivía en el campo, cerca de la casa en que vivíamos. Arreglamos una habitación y nos quedamos allí hasta que di a luz a mi hijo. Unos días después, el cuñado de Line regresó a su casa y no nos encontró. Cuando vio donde estábamos viviendo, me preguntó por qué habíamos salido de su casa.

No le dije que Yosin nos había sacado para que no discutiera con ella por eso. Lo único que le dije fue que ese señor llamado Ramirito nos había dado donde vivir y que salimos por nuestra voluntad. No le conté que nos había echado mi cuñada para que no se enojara con ella por nuestra culpa. Sé que él se iba a enojar si yo se lo decía, porque fue él que nos había pedido que fuéramos a vivir con ellos.

Antes que yo diera a luz, le compramos un solar a un señor llamado Elio. Muchas personas en el campo preferían que no nos lo vendiera porque no querían vernos viviendo allá. Pero él nos lo vendió, e hicimos nuestra casita cerca de donde vivimos por un mes antes de construir. Line hizo los palos con la madera que tumbamos en el bosque cerca del solar. Cuando estaba haciendo nuestra casita, buscó a dos muchachos para que lo ayudaran a ponerle los palitos de crisae, pero después hizo todo lo demás solo. Line tiene muchas habilidades en las manos. Sabe de mecánica porque aprendió cuando vivíamos en Haití. Incluso arreglaba y les tapaba el pincho a las motos de algunas personas de Guayabal, y así ganaba dinero para construir la casa. A veces desarmaba las piezas de su moto y las organizaba de nuevo todas en su lugar.

    Comprábamos algunas herramientas y suministros con el dinero que él había ganado como motoconcho. A las paredes las hicimos empañetadas de tierra, y pusimos el techo de zinc.

    Cada vez que había una temporada de agua, se mojaba y se caía la tierra de la casa. Pasamos mucho trabajo para arreglarla porque no teníamos mucho dinero para hacerla bien ni para hacer el piso de cemento, entonces se quedó de tierra. El solar es un poco grande, pero queda en una lomita, así que era un poco complicado cuando Line estaba construyendo la casa.

    Recuerdo un día que nos íbamos para el bosque a cortar madera para la construcción, y yo estaba embarazada de mi primer hijo. Line cargaba algunas maderas en sus brazos, y yo llevaba de una en una. Me sentía muy cansada y se me cayó un palo en un pie, que se hinchó. Casi no podía cargarlo, pero tenía que hacerlo porque no teníamos quien nos ayudara.

Mamota y Chembo hicieron su propia casa también mientras Line y yo vivíamos en La Capital, pero le pagaron a otras personas para hacerla. Cuando se mudaron a su casa nueva, tuvieron que dejar el inodoro de la letrina y el fogón porque estaban pegados en el suelo, entonces tenían que hacerlos otra vez en la nueva vivienda. Mamota compró el solar que está ubicado más cerca de la entrada del campo de una hermana de Chembo. Construyeron porque querían vivir en casa propia, no en la que estaban, que no era de ellos en realidad, sino de toda la familia porque era de la mamá de Chembo y sus parientes.

    Cuando la gente del campo hablaba, lo primero que

decían era que esa vivienda no era de Mamota. Como ella se sentía muy mal cuando decían eso, hizo su propia casa en la que viven ahora.

La hicieron con cemento, y es más pequeña que donde vivían antes. En esa casa yo tenía muchos regalos, como juegos de cocina y otras cosas, que me duraron mucho tiempo, pero los dejé cuando me fui con Line. No sé qué hizo Mamota con ellos, tal vez los regaló, pero ya no están.

Después que regresamos a Guayabal, Chembo ha estado bien con Line y nunca le ha indicado que no lo quisiera. Para mí, hasta ahora, solo le ha mostrado que lo quiere. Mamota antes no lo quería, pero después de un tiempo, y más ahora, yo creo que sí lo aprecia. Digo que creo que sí porque algunas veces hay personas que le hacen creer a uno que lo quieren, pero no lo quieren nada; es como decir que son hipócritas, que te dicen una cosa y hacen otra.

Cuando yo vivía con ellos, y Line y yo éramos novios, Mamota no lo quería ni dejaba que yo hablara por teléfono con él; creo que porque no lo quería para mí, y tal vez pensaba que no me iba a tratar bien, como lo ha hecho. También puede ser porque ella creía que él me iba a dejar pasando mucho trabajo y no iba a mantenerme. Pero no es así, Line y yo hemos pasado mucho trabajo, pero no porque él no se haya esforzado, sino porque somos humildes y pobres. Cuando vivía en el campo, Line incluso se ponía a hacer carbón para que yo no pasara hambre (cosa que algunos hombres no hacen por sus mujeres), y siempre se ha preocupado por mí.

Un día, en nuestra casita, soñé que mi mamá había venido y que la conocía, y me puse muy feliz. Pensé que ella vendría, porque muchos sueños que he tenido se han hecho realidad, pero esta vez no fue así; desde ese día, he estado pensando más en ella.

Cumplí mis nueve meses de embarazo; en el último

mes, me empezaron los dolores, que duraron tres días. El primer día empezaron a las tres de la mañana. Esperé en la casa hasta las cinco, y me levanté temprano, como a las seis de la mañana, para ir a consultar. Line me llevó para el hospital en la moto y luego se fue a conchar. Las veces que solo iba a consultarme, no se quedaba conmigo porque no iba a dar a luz en ese momento y porque yo tenía que esperar que llegara mi turno. Entonces, en ese periodo que yo duraba consultándome, él se iba a ver si encontraba algún pasajero para no quedarse sentado perdiendo ese tiempo en balde, pero siempre regresaba a buscarme.

Íbamos a esa hora, a las seis, para poder conseguir un tique de número bajito, porque si no, aunque uno llegue al hospital a las ocho de la mañana, si hay muchas mujeres, sale a las tres de la tarde. Esto es así porque mayormente hay un solo doctor y una enfermera para chequear a las mujeres embarazadas.

Además, la mayoría de mujeres embarazadas de esa zona fronteriza de Haití van a consultarse y a dar a luz al hospital de Bánica.

Cuando llegué, los doctores me chequearon y me dijeron que yo no iba a dar a luz todavía porque yo era primeriza y solo me estaban comenzando los dolores. Entonces regresamos a la casa, y me siguieron los dolores.

A los tres días, fui al doctor de nuevo. En Bánica, los dominicanos no tienen que pagar para consultarse ni para hacerse ningún tipo de análisis. Es gratis porque es público. En cambio, los niños y las mujeres haitianos tienen que pagar 25 o 50 pesos o más para que los atiendan; yo misma lo he visto. Después que me revisaron, me dijeron que me fuera para mi casa y regresara más tarde. Line regresó luego a buscarme para llevarme a casa. También me compró desayuno y pasamos por el mercado; compramos arroz, aceite, sopitas, y nos fuimos para la casa. No hablamos con nadie en el camino; cuando llegamos, me puse a cocinar.

Más tarde el mismo día me empezaron más fuertes los dolores, así que me bañé, me arreglé, y luego me fui para el hospital otra vez. Al llegar, me pidieron los papeles porque ya me habían chequeado; me llevaron para la sala de parto, y amanecí en el hospital. Por la mañana, los dolores empezaron muy fuertes, y los doctores me inyectaron algo que se llama Pitocín para que continuaran con más fuerza y para ayudarme a dar a luz. Yo estaba acostada, y Line estaba ahí, a mi lado; después llegó Yosin, y ellos se quedaron conmigo hasta que di a luz.

Tuve al bebé a las cinco de la tarde, y fue todo normal. Me sentí muy bien. Le di gracias a Dios porque salió todo bien. No lloré porque sí: me dolía mucho la cadera y la barriga, y no sabía si era así que las mujeres daban a luz. Mi niño nació sano, de siete libras; a los 21 días de nacido lo pesé, y tenía nueve libras y media. Él era un niño muy gordo cuando era pequeño, y todavía es muy lindo. ¡Dios lo bendiga!

El personal del hospital era muy bueno y me trataba muy bien. Amanecí allí, y el día siguiente me dieron de alta. En el hospital de Bánica no me pidieron documentos. Me los habían pedido la primera vez que fui a consultarme, pero como les dije que no tenía, que no los había sacado todavía, entonces ellos me hicieron mi récord como a todas las demás dominicanas. Ellos pensaban que yo era dominicana y por eso no me cobraban dinero cuando me iba a consultar.

Después que di a luz a Diosli, Line y yo nos sentíamos muy felices con nuestro primer hijo y jugábamos mucho con él. Line estaba muy contento porque era papá y siempre mantenía a Diosli cargado mientras él estaba en la casa; lo cuidaba y lo acariciaba mucho, y todavía lo hace así. Les mandé fotos del bebé a los padres de Line por teléfono, y ellos se pusieron muy felices cuando las vieron.

Meses después, la hermana mayor de Line, Yolanda, y sus padres vinieron a conocer a Diosli; le llevaron pampers, ropa, y nos dieron 500 pesos para nosotros dos. Por un año y nueve meses le di el seno a Diosli; los doctores me habían dicho que a los niños se los debe amamantar hasta los dos años de edad y que es importante hacerlo porque les da fuerza en sus huesitos y también los protege de algunas enfermedades.

Para poder tener algo de comer, sembrábamos maíz, yuca y guandules. Descosechamos dos veces maíz y guandules, pero no pudimos descosechar la yuca porque los chivos entraron y se la comieron; la empalizada hecha de bambú y malla no era buena. Además, Line hacía carbón y tenía una moto, y con el poco dinero que sacaba, nos buscaba la comida.

Como somos personas pobres, a veces no teníamos nada que comer y pasábamos hambre, así que nos alimentábamos con los mangos que tumbábamos de algunos árboles del bosque. No teníamos cocina, entonces yo preparaba la comida dentro de nuestra casa con un fogón hecho de tres piedras y palos. Pasábamos mucho trabajo. Hasta que, un día, mi niño, mientras estaba aprendiendo a caminar, se cayó y se quemó la mano.

Yo era una de las personas que pasaba más trabajo en Guayabal para buscar agua porque no tenía llave ni animales. A veces iba a buscar agua en la moto de Line o la traía en la cabeza y mis brazos; otras, Mamota me dejaba llenar en su casa. Line y yo no bebíamos el agua del río porque todavía teníamos miedo de su contaminación. No teníamos cómo comprar los botellones porque costaban hasta 40 o 50 pesos, entonces llenábamos unas cubetas en la fuente, que estaba un poco retirada del campo. A mí el agua de lluvia me hace daño y me da dolor de barriga si me la bebo, pero hay otros que sí la beben.

Un día, mi hijo Diosli tenía fiebre, así que lo llevé al hospital de Bánica por emergencia y me quedé esperando afuera hasta que me llamaran. Hay algunos doctores en la República Dominicana que tratan a la nación haitiana muy mal simplemente porque son haitianos, pero no debe ser así. Todos somos seres humanos, de carne y hueso como los dominicanos. Yo he visto con mis propios ojos a muchas mujeres haitianas que van a los hospitales con dolores de parto, a las que los médicos dominicanos las mandan de nuevo para su casa, y dan a luz en el camino. Aquel mismo día, mientras estaba en el hospital con Diosli, llegó una mujer con dolores a dar a luz. Los médicos le dijeron que se fuera, que no iba a tener el bebé ese día; pero le dijeron así porque no la querían atender. Ella se quedó, y como a los 30 minutos dio a luz afuera, sobre el piso, delante del palo de la bandera.

Si se hubiera ido, su bebé habría nacido en el camino.

Cuando los médicos vieron que la mujer dio a luz en el piso afuera, todos se sorprendieron. La doctora que le había dicho que se fuera estaba muy asustada porque las personas que estaban ahí empezaron a hablar y a decir que no estaba cumpliendo con su trabajo. Eso es verdad, porque no tenía derecho a decirle que se fuera; deberían haberla dejado internada hasta que naciera el bebé. Una doctora salió corriendo a ayudar a la mujer, y las demás personas que estaban ahí fueron a ver; yo también vi cuando ella estaba dando a luz. Después del parto, el personal del hospital se la llevó adentro para limpiarla. No supe nada más de esa mujer porque luego que ella entró por la consulta, yo ingresé por emergencias a chequear a mi hijo. Me dijeron que él estaba bien, así que me despacharon y me fui para mi casa.

La verdad, yo no la conocía, pero ella era haitiana. Algunas personas dijeron que vivía en Sabana Cruz. Eso pasó, y la verdad es que he escuchado muchos casos así, como ese que vi. Antes no creía lo que decían sobre que había médicos que no atendían a algunas mujeres embarazadas, que las devolvían para sus casas con dolores y por eso en mitad del camino daban a luz. Después de ese día, vi que era verdad: algunos médicos hacen eso. Pero no lo hacen con las embarazadas de su nacionalidad, sino con las haitianas, porque dicen que en ese país nacen demasiados niños. Yo misma he escuchado a muchos dominicanos opinar así.

En la República Dominicana, la mayoría de las mujeres tienen acceso a la atención médica, pero algunas, no. El hospital de Bánica tiene enfermeras; lo que no tiene es muchos doctores ni muchos empleados. Pero aquí, en este país, todo es por política. En muchos casos, los que encuentran trabajo son las personas del partido político que gana, mientras que los que no son de ese partido no consiguen un empleo. También el hospital necesita algunos arreglos, pero parece que el dinero que el gobierno invierte no es suficiente para los gastos. Yo creo que debería haber más trabajadores porque es un hospital grande, y el único en esa zona, cerca de la frontera.

Capítulo 14

Cuando vivía en Guayabal, yo veía muchos militares que habían sido enviados de puesto para el cuartel de allá, y desde que llegaban empezaban a hacer su trabajo. Casi todos los días patrullaban y vigilaban a las personas que pasaban. También había otros militares que llegaban y no hacían nada, solo se sentaban en frente del cuartel y, tal vez, si había un camión que no reconocían, lo paraban para averiguar qué estaba haciendo allá. Ellos hacían eso todos los días, después, comían, se iban a bañar para el río y se acostaban.

Conozco a muchos militares que han estado asignados a la comunidad de Guayabal; ellos hacen muchos servicios de noche y de día. Encontraban mucho carbón, y eso era parte de su trabajo. Andan en todos los lugares de los bosques buscando a la gente que lleva carbón para Haití; cuando los encuentran, a veces los maltratan. En Guayabal, los que pasan carbón son mayormente haitianos que vienen a buscar madera, o los que viven en campos dominicanos y no tienen trabajo ni dinero para comer. Hacer carbón es ilegal, así que si los militares los atrapan, se los llevan presos para el cuartel, y les dicen que tienen que pagar una multa. Si tienen el dinero, los sueltan después de pagar, pero si no, los dejan un tiempo presos. A veces los agarran, los encierran, les roban sus animales, y también les cobran para devolvérselos.

Los militares de aquí, de República Dominicana, siempre se cambian de un puesto a otro porque los jefes de rango más alto les ordenan que vayan para distintos puestos en otros lugares de la frontera. A muchos no les gusta ir a donde los mandan porque saben que van a pasar mucho trabajo. He escuchado que algunos militares les pagan a los de rango superior, como a los coroneles y a los generales, para que los cambien de puesto a otro mejor, pero no sé cuánto dinero pagan para eso.

Nosotros a veces hacíamos carbón cuando la moto se dañaba porque Line no podía trabajar como motoconcho. Aunque es un crimen cortar algunas especies de árboles en República Dominicana, Line y yo lo hacíamos para hacer carbón porque no teníamos otra manera de ganar dinero para comprar la comida. Para hacer carbón, uno va al bosque escondido de los militares y busca árboles como chácaro, bayahonda, caoba, jojoba, guayacán, y algunos más. Íbamos a unos terrenos que no estaban cerca del campo, cuyos dueños no los trabajaban porque ellos ya habían muerto.

Después de cortar las maderas y amarrarlas, las colocábamos en un círculo y les poníamos muchas hojas de los mismos árboles, luego tapábamos la pila de madera con tierra. Les dejábamos un espacio para encenderla, la prendíamos fuego, después tapábamos ese lugar con hojas de los árboles, y se iban quemando muy lentamente. Así las maderas se convierten en carbón. Después desarmábamos la pila para apagar el fuego con tierra, y dejábamos que enfriaran. Luego, recogíamos el carbón, lo metíamos en saco y, por último, se lo vendíamos en Boque Bánica a unas mujeres haitianas que se lo compraban a Line para revender en Puerto Príncipe. La gente compraba para usarlo como fuego para cocinar en un anafe. Line cargaba los carbones en el asno de su hermana, y lo hacía de noche para que los militares no lo vieran porque podían meterlo preso y quitarle los carbones.

Así se pasa mucho trabajo, y el cuerpo queda muy

sucio de tizne. Cuando Line lo hacía, estaba muy negro por el humo. El tizne es muy difícil de quitar, y uno tiene que bañarse con mucha agua y mucho jabón. Si uno se baña en el río, el cuerpo se limpia mejor. Un día, una amiga nos fue a visitar a nuestra casa y no estábamos. Nuestros vecinos le dijeron que estábamos en el bosque recogiendo carbón, y una de las chicas la llevó adonde nos encontrábamos. Estábamos muy sucios, y mi amiga casi no nos reconocía. Luego nos ayudó un poco a recoger el carbón y nos fuimos para la casa con el saco lleno para vender.

Un día, Line y yo, cuando mi hijo era un bebé, estábamos cortando árboles y llegaron los militares, entonces salimos corriendo. Yo agarraba a mi bebé muy fuerte mientras corríamos en el bosque, y teníamos mucho miedo de que llegaran hasta nosotros. Se nos quedaron los zapatos, el machete y el hacha, y los militares se los llevaron, pero no pudieron alcanzarnos. Al día siguiente, cuando regresamos a donde habíamos estado haciendo el carbón, vimos que ellos habían encendido todo con gasolina. Ese día, Line dijo que no volvería a hacer más carbón; pasábamos mucho trabajo, y no valía la pena hacerlo, entonces lo dejamos. Duramos casi dos años haciendo carbón, y gracias a Dios no tuvimos ningún problema con los militares porque nunca nos agarraron.

Line siguió trabajando en la moto después de arreglarla; llevaba pasajeros entre los campos como Guayabal, Hato Viejo, Sabana Cruz, Bánica y Pedro Santana. Algunas veces encontraba pasajeros, y le daban 100 o 50 pesos, según la distancia. Pero otros días, no hallaba a nadie y nos quedábamos así, sin dinero para comprar comida. Cuando conseguíamos, comprábamos comida en el mercado de Bánica o Line iba al de Boque Bánica en Haití. A veces, cuando no podíamos ir hasta allá, comprabamos en un colmado en Guayabal.

Poco a poco juntamos dinero, y con lo que ganamos pusimos un colmado pequeño en frente de la casa. Poníamos las cosas que vendíamos sobre una mesa hecha de palos. Ahí teníamos muchas cosas como arroz, sal, sopitas, aceite, velas, fósforos, huevos, sazón, jabón, sazón líquido, palitos de queso, habichuelas, latas de sardinas, bicarbonato, harina de trigo, salsa, ajo, crema de la piel, jabón para la piel, salami, detergente para lavar, cloro, mentas, bolón cohete, agujas, hilo, galletas dulces y saladas.

Comprábamos la mercancía en Haití y en Bánica. Line y yo íbamos en la moto y la echábamos en un serón. La primera compra de mercancía la hicimos en Haití porque teníamos *gourdes* de la venta de carbón; no los quería cambiar por dinero dominicano porque me iban a dar muy poco y no me iba a alcanzar para comprar la mercancía. En el mercado de Haití conseguíamos las cosas que en Bánica eran caras, porque eran baratas allá, luego las vendíamos a las personas de la comunidad, y así el negocito me rendía más. Yo vendía mucho, pero tuve que dejarlo porque me compraban y luego no me querían pagar. Así, el negocio fue cayendo. Porque cuando uno tiene un negocio puede vender fiado por una semana, pero no por un mes.

Cuando uno compra fiado, no tiene que pagarle intereses al dueño, sino solamente la misma cantidad que le debía. Uno paga interés cuando recibe dinero a crédito. La mayoría de los que tienen colmado o negocio les venden fiado a algunas personas si están dispuestos a venderles, o a las que sepan que les van a pagar sin ningún problema. Pero si es una persona desconocida que va a ese lugar por primera vez, no le fían.

Para las personas que tienen un negocio, el fiado no es bueno; si uno vende mucho de esa manera, el negocio no progresa ni crece porque le compran todo por crédito. Depende también de cómo se fíe; hay muchos negocios que solo venden así por tres días o una semana, pero no más que ese tiempo. Por eso hay personas que abren un negocio y lo primero que ponen es un letrero que diga "no fião" (como decimos y deletreamos en República Dominicana) o "no se fía" porque no les gusta para sus negocios. Pero a las personas que compran fiado les va bien porque si tienen o no dinero pueden ir a conseguir lo que quieren en el colmado a donde ya saben comprar. A mí no me gusta pedir ni comprar fião porque siento que me da vergüenza. Si no tengo dinero y necesito algo, mejor me quedo así y no compro nada.

Cuando yo vendía en el colmado, durante ese par de meses tuve algo que hacer diariamente, pero después me quedé otra vez sin muchas ocupaciones en la casa. Entonces, seguí haciendo lo mismo que antes: ir al río a bañarme y divertirme, buscar mangos, jugar cartas con Line y con mi hijo Diosli a escondidas. No practicaba ningún otro tipo de pasatiempo porque no teníamos un televisor o radio en la casa, entonces, pasaba mucho tiempo mirando lo que sucedía en el campo enfrente de mi casa.

En Guayabal, en el otoño, cuando unos campesinos no tienen nada que descosechar ni sembrar, van mucho a las galleras. En la República Dominicana, por lo general, dondequiera hay galleras para jugar y apostar en peleas de gallos. Las galleras de los campos no son iguales a las de los pueblos porque en estas apuestan mucho dinero, vehículos, casas y más, pero en los campos no. Es por eso que las personas apuestan, porque tienen ganancias, pero también algunos de ellos pierden su dinero. Los que organizan las galleras les ganan mucho dinero porque el que tiene gallos para pelear no paga, y tampoco el que está apostando, pero el que va solo a mirar las peleas, debe pagar la entrada.

A la gallera de Guayabal la hicieron algunas personas de la misma comunidad. Primero la ubicaron donde está el trance del acueducto de Pilón. Luego, en 2015, la hicieron en la entrada de Guayabal. La armaron de empalizada de metal, madera y algunas cosas más, le pusieron luz y llevaron unas butacas viejas de la escuela de Guayabal, de cuando yo era estudiante. Los de la comunidad se pusieron felices cuando hicieron la gallera porque iban a apostar, y algunos tenían la oportunidad de vender mercancías, comida y demás. Pero las personas que no querían una gallera en la comunidad no podían decir ni hacer nada porque quienes la construyeron tenían mucho poder y el permiso del dueño del terreno para hacerla.

He visto que en los campos, las personas que tienen gallos, antes de ponerlos a pelear, los entrenan, les ponen espuelas y zapatillas para que puedan hacerlo mejor. Los hacen correr y ponen dos gallos a pelear para ver y estar seguros de que puedan ganar. Después que están seguros, los llevan a las galleras a pelear. Vienen muchas personas, como cientos, de muchos lugares como Maquasia y otros campos en Haití, Guaroa, Pilón, Hato Viejo, Sabana Cruz y Bánica a jugar y apostar en peleas de gallos. La mayoría de los hombres de Guayabal participan con sus gallos y su dinero. Hay gente que juega cartas también, apuestan y a veces hasta amanecen jugando.

Algunas personas venden cosas al público como mavi, cervezas, ron, refrescos, frituras, coco, guineo y dulces de maní. Yo fui una vez a la fiesta del 27 de febrero a vender pinchos; vendí un poco y luego me volví para mi casa porque había gente peleando. Esa fue la única vez que fui a la gallera, pero no entré a ver las peleas. Las personas de Guayabal, Sabana Cruz, Bánica y otros lugares, van a Hato Viejo a apostar; para las peleas de gallos, van para el otro lado del río, en Haití, porque en Boque Bánica tienen una gallera grande y un colmado donde gozan con bebidas y bailes.

Para llegar a Guayabal desde la carretera principal del municipio de Bánica, uno tiene que pasar por Hato Viejo. En esa comunidad descargan muchas de las mercancías que vienen de Santo Domingo, Bani, Azua, San Juan, Las Matas de Farfán, y otros lugares más, para venderlas en Haití. Allí, en la frontera, dependen mucho de las importaciones que vienen de República Dominicana porque es uno de los principales socios comerciales. Las personas trasladan mercancías como cemento, varillas, bloques, arroz, fideos, pollo, huevos, harina, y muchas cosas más. Cruzan el río en animales, a pie, en tubos y en vehículos como patanas, guaguas, yipetas y motos. Los carros no pueden cruzar porque son muy bajitos.

Casi todos los días hay patanas que van a Hato Viejo a descargar sus mercancías. Como transitan tanto, hacen mucho daño a la carretera, y se pone peor si andan muchas en un solo día. Creo que las personas que venden y compran mercancías, tanto haitianos como dominicanos, deberían arreglar la carretera, porque puede ser peligrosa a veces. Además, toda la gente de Hato Viejo y las comunidades de alrededor tienen que viajar por la misma carretera, y cuando está resbalosa o tiene muchos hoyos, es muy incómoda de usar. Un día, yo iba con mi niño caminando por la carretera para Haití; un camión perdió los frenos y se devolvió de la subida. Me asusté mucho porque pensé que me iba a atropellar, entonces salí corriendo, pero gracias a Dios no sucedió nada.

Otro día, vino a Hato Viejo una patana cargada de cemento y se volteó. No sé exactamente cómo sucedió, pero se cayó todo el material. Nadie resultó herido, pero todo el cemento estaba en el suelo, y el chofer no podía hacer nada para recogerlo porque todas las fundas se rompieron. Entonces, llamó al dueño y le preguntó si podía dejar que la gente lo tomara, y él le dijo que sí. Así que les dio permiso a las personas de quedárselo porque ya todo estaba en el suelo.

Todos los de Hato Viejo y Sábana Cruz que estaban ahí en el campo tomaron el cemento. Varios llenaron sacos porque las fundas se habían roto. Ese día, mi esposo estaba conchando en su moto y había ido a llevar a un pasajero. Cuando regresó, le contaron que se había caído todo el cemento de una patana, pero cuando él fue a ver si encontraba una funda, ya lo habían tomado todo, no encontró nada. Mucha gente de Hato Viejo y de Sabana Cruz hizo su casa o sus pisos con ese cemento.

Capítulo 15

La Iglesia católica de Bánica es una iglesia muy grande, linda, y también es un edificio muy viejo que fue construido en el siglo XVIII; los historiadores no saben exactamente cuándo.

Hay un relato que los ancianos de la zona cuentan a los niños, que nadie sabe quién hizo la iglesia ni cómo se construyó. Todas las personas a las que uno les pregunta dicen que hace 300 años que la iglesia está ahí. Pero algunos ancianos dicen que ellos escucharon contar que, cuando estaban haciendo esa iglesia, la gente escuchaba todas las noches algo sonando y clavando clavos, pero cuando se levantaban no había nada, hasta que un día vieron la iglesia.

Sin embargo, Bánica es más conocida por el Cerro de San Francisco, que está a un kilómetro y medio al este del pueblo, y es uno de los lugares de peregrinación religiosa más importantes de República Dominicana. Hay personas que vienen de todos los lugares del país a ese cerro y duran dos o tres días allí cuando llegan las fiestas patronales en septiembre y octubre.

La verdad es que yo nunca he ido al Cerro de San Francisco; solo fui a una misa en la Iglesia católica de Bánica cuando ya tenía once años de edad con la mamá de Chembo, antes de que ella falleciera. Pero Line sí ha ido, y me dijo que esa cueva es grande y que antes la gente tenía que subir agarrándose a algunas rocas o del mismo cerro, pero ahora no, porque ya hicieron los escalones. También me contó que esa cueva tiene muchos caminos y que si una persona los sabe, puede salir a Haití. Según me dijo, había mucho pan de colmenas y avispas, y si el que entra a la cueva tiene el corazón limpio, le cae una gota de agua, pero si su corazón está sucio, lo pica una avispa. Él dijo que cuando fue, le cayó una gota de agua encima.

    La Iglesia católica de Bánica también tiene un colegio que es semipúblico y llega hasta el octavo grado. Los padres de los estudiantes tienen que pagar para que sus niños estudien allí, pero no es muy cara la cuota. Tienen sus propios uniformes, que son diferentes de los de las escuelas públicas y, además, el colegio tiene una guagua que va a Sabana Cruz y a Pedro Santana a buscar a los estudiantes. El padre de Bánica da misa ahí, en el mismo pueblo, en Sabana Cruz, Hato Viejo, Los Memisos, Guayabal, Pilón, y otros campos alrededor de la provincia de Elías Piña.

    Han sido unos padres de Estados Unidos los que han trabajado varios años en las comunidades fronterizas, también en Pedro Santana, y han hecho mucho trabajo humanitario, desarrollos, misiones médicas, y siempre predican a la gente. Yo he visto al padre venir a Guayabal de vez en cuando para dar misa en la iglesia, mayormente por la mañana y algunas veces de tarde. Las personas van y cantan "Santo (Oh Señor)"; recuerdo una parte que dice "Hosanna, hosanna, hosanna, oh Señor", rezan "Dios te salve, María" y la oración "Padre nuestro que estás en los cielos". Luego les dan algo dulce, como un bolón, a los que van a misa.

    Conozco a algunas personas a quienes la Iglesia católica de Bánica les hizo su casa porque no tenían; a otras se las arreglaron porque eran viejas. La iglesia también había hecho letrinas y fogones a la gente, incluso a Mamota y Chembo cuando yo vivía con ellos.

Un día, en el año 2015, vinieron unos estadounidenses a hacer pisos y letrinas. Cuando estaban haciendo esos trabajos, la representante en ese momento de la Iglesia católica en Guayabal, Gloria, no nos apuntó para las letrinas. Después, cuando iban a hacer los pisos, me comuniqué directamente con el padre para que hablara con Gloria, así me hacían el piso. Aunque ella ayudó a la comunidad a formular el plan de traer agua con la iglesia, mayormente no le importan las vidas de todos los demás; solo los de su círculo.

Conozco a Gloria desde que yo era una niña, y ella todo el tiempo ha sido mala, una persona corrupta. Siempre quiere salirse con la suya y no le gusta perder. Ella se encargaba de atender la Iglesia católica de Guayabal porque le gustan mucho las ganancias y el poder. No creo que el padre supiera que Gloria no estaba haciendo los trabajos de la iglesia honestamente, porque me imagino que, si lo hubiera sabido, habría puesto a otra persona, pero como nadie le decía nada, él no sabía la verdad.

Hubo un ejemplo de su corrupción con las fundas de sopa que venían de una organización de desarrollo de Estados Unidos. El padre le daba a Gloria las cajas de fundas mensualmente para que se las diera a todas las personas de la comunidad de Guayabal. No solamente Guayabal las recibía, sino todas las comunidades que estaban en la cadena de la Iglesia católica de Bánica también, porque el personal de la iglesia solicitaba una beca de Estados Unidos para ayudar a alimentar a la gente en esa zona.

Cuando la sopa llegó por primera vez, yo vivía con Chembo y Mamota, y Gloria nos daba tres fundas. Al principio, todas las personas se la comían, pero después de varios años de recibirla, la gente la tomaban, pero no todo el tiempo como hacíamos Line y yo, y la gente más pobre de la comunidad. La sopa tenía ingredientes secos como arroz, lentejas, zanahorias, papas y carne. A veces, yo hacía la sopa, en algunas ocasiones le sacaba las lentejas para hacer guiso con arroz blanco, y a veces le sacaba la carne para hacer locrio de arroz con carne.

La verdad es que esas fundas nos ayudaron mucho a Line y a mí, pero no era nuestra preferida porque no nos gustan las lentejas ni el sabor de la sopa. Había gente a la que no le gustaba la sopa, y no la tomaban cuando los voluntarios las repartían en los campos. Algunas personas tampoco la tomaban porque tenían otro tipo de comida y no la necesitaban. Pero Line y yo siempre la tomábamos porque estábamos en una situación muy mala.

Esa donación nos ayudó mucho porque a veces no teníamos nada de comer y hacíamos un caldero de sopa; con eso comíamos el día entero, o más, y no pasábamos hambre. Pero Gloria no siempre la entregaba como era debido; por ejemplo, si en una casa había cuatro personas, había que darles cuatro fundas de sopa, pero ella les entregaba tres. A nosotros nos correspondían tres (Line, Diosli y yo), pero nos daba dos. Aunque nos diera una sola, igual la recibíamos porque la necesitábamos mucho. Ya no están donando esa sopa; después del año 2019, no la han traído.

El ejemplo que mencioné sobre la corrupción de Gloria, ocurrió un día que le dijo a Line que podara el patio de la iglesia y que le iba a pagar. Él limpió el patio, cortó la yerba con su machete, y cuando terminó fue a su casa para que le pagara, pero lo que ella le dio fue una funda de la sopa donada (de la que el padre le daba para que repartiera entre todas las personas). Line no le dijo nada, simplemente tomó la funda de sopa y se fue para nuestra casa. De esa manera, ella guardaba unas fundas de sopa para pagar a la gente y podía ahorrarse el dinero.

Otra ocasión en que el poder que tenía Gloria nos perjudicó fue cuando dos representantes de la Cruz Roja de República Dominicana anunciaron que había fondos donados por el tiempo de sequía en 2014, porque los campesinos no podían cosechar nada. Durante las épocas de sequía, casi no hay ningún tipo de trabajo agrícola en las zonas fronterizas porque no se puede trabajar con la tierra, y menos aún, descosechar. Dichos fondos provenían de la Cruz Roja Española, por la razón señalada en el documento del programa que iniciaban en provincias fronterizas de República Dominicana:

> Mitigando el impacto de la sequía, asistiendo a las comunidades más vulnerables de las provincias del suroeste de la República Dominicana, con el fin de satisfacer sus necesidades básicas y fortalecer su resiliencia. [...]
> Durante una fase inicial de ayuda humanitaria, las familias meta afectadas por la sequía en la[s] zonas más vulnerables de la provincia de Elías Piña han mejorado el acceso a alimentos, a agua segura y a activos productivos para reactivar y proteger sus medios de vida.[1]

Recuerdo que un día vinieron dos mujeres de la Cruz Roja de Bánica en una moto, para apuntar en un cuaderno los nombres de algunas personas para darles unos cheques de 5.000 pesos, por vivir en campos de bajos recursos. Las mujeres que inscribían a la gente iban a ir casa por casa, pero eso fue cerca de las dos de la tarde, y el sol estaba muy caliente. Como una de ellas era amiga de Gloria, se bajó de la moto al frente de su casa para hacerle unas preguntas. Gloria les dijo que se quedaran sentadas debajo del árbol, que ella les iba a decir los

---

[1] Proyectos de respuesta a la sequía en RD; 15/01/2016 - 14/07/2017 http://dipecholac.net/docs/files/caribe/RD-Respuesta-a-la-Sequia.pdf

nombres que buscaban, y luego iba a mandar a llamar a los demás. Pero hizo eso para inscribir los nombres de su gente y de algunos más que también tienen poder, entonces sabía que no los podían engañar ni le iban a traer problemas. Tal vez las mujeres pensaban que Gloria estaba haciendo lo correcto, no lo incorrecto, como lo hizo, pero no sé la verdad.

Una de las mujeres de la Cruz Roja Dominicana se sentó y empezó a explicarles a los que llegaron a averiguar lo que estaba pasando, que la habían mandado a inscribir los nombres de los habitantes. Cuando mi papá, Chembo, me llamó y me dijo que fuera porque estaban inscribiendo los nombres para darles a todas las personas 5.000 pesos, yo dije: "Line, ¡corre!, ¡vete!, para que nos apuntes a nosotros también". Él las vio a las dos sentadas debajo de ese árbol. Algunos les preguntaron si no era casa por casa que tenían que andar, a lo que respondieron que sí, pero como "el sol está caliente...", Gloria les había dicho que le preguntaran a ella lo que quisieran saber porque era encargada y representante comunitaria de Guayabal. Ellas dijeron que Gloria les había ofrecido su ayuda, y la habían aceptado, pero esa amabilidad era para salirse con la suya.

Para las personas de los campos de la provincia de Elías Piña, la calidad de vida mejora en primavera porque tienen comida y agua. Por el contrario, en tiempo de sequía, los campesinos pasan mucho trabajo. La razón es que casi no hay comida, y algunos no tienen llaves de agua en su casa. A veces, personas de otros países les mandan ayuda, sea dinero o comida, como la Cruz Roja o la organización de EE. UU. Sin embargo, en algunos casos, esa ayuda no llega a las personas que más la necesitan.

Las mujeres de la Cruz Roja dijeron que el dinero era para dárselo tanto a las personas que tuvieran papeles como a las que no los hubieran sacado. Cuando Line llegó adonde estaban las mujeres de la Cruz Roja, le dijo a Gloria: "Apunte mi nombre también", pero ella le contestó: "Tú eres un hombre joven y puedes trabajar, y tú no vives aquí. A ti no tenemos que apuntarte. Y encima no tienes papeles buenos". Con esa respuesta, Line volvió para nuestra casa. Gloria le dijo todo eso frente a las mujeres de la Cruz Roja de República Dominicana para influenciarlas, y funcionó, porque ellas no dijeron nada. Gloria se aprovecha del sudor de los demás.

Lo que nos hizo esa vez fue por maldad, y se lo dije delante de todas las personas: que lo que hizo estaba muy mal, que quería todo para ella, su familia y su partido político. Gloria apuntó a toda su gente, y también a algunas de las familias que tienen poder en la comunidad, pero no nos inscribió a nosotros ni a muchas personas más que estaban sufriendo y no tenían comida ni casa buenas.

Esto pasó en el año 2016, cuando nosotros estábamos en mala situación. En esa época hacíamos carbón; la casa estaba dañada y muy fea, era de tierra y zinc, y cuando llovía nos mojábamos nosotros y nuestras cosas. Ni siquiera de eso tuvo compasión ni piedad, y no nos apuntó para recibir los 5.000 pesos de la Cruz Roja aunque éramos parte del grupo de los más vulnerables.

Algunos le dijeron que a quienes tenía que inscribir primero era a nosotros porque ella veía y sabía bien las circunstancias en que Line y yo estábamos. La gente de Guayabal no era la única en Elías Piña que no estaba satisfecha con la forma como todo sucedió.

Tiempo después llegó el día que iban a dar el dinero, y las personas de Guaroa, Pilón y Guayabal fueron a recibirlo a la comunidad de Hato Viejo. Cada uno iba en su medio de transporte: vehículo, moto, en bola o a pie. Yo fui también para ver si era verdad lo que Gloria le había dicho a Line sobre que el dinero era para los que tenían documentos y para los que no podían trabajar en los conucos. Cuando llegué a Hato Viejo, vi a varias personas de Haití que recibieron los 5.000 pesos; ellos vivían en Boque Bánica y tenían documentos dominicanos. Pero también vi a algunos que no tenían papeles, y recibieron dinero también.

El día que el personal de la Cruz Roja de Santo Domingo estaba entregando el dinero, yo dije delante de todos que Gloria era una ambiciosa, que quiere todo para ella y su familia, y que no debía hacer eso porque ese dinero no era suyo. A ella le dio vergüenza y no dijo nada; se quitó de donde estaba y se fue para otro lugar. Pero yo no le tengo rencor, solo le pido a Dios que la perdone por ese mal que nos hizo a Line, a mí, y a los demás que han sufrido por su maldad. En realidad, Gloria tenía que inscribirnos obligatoriamente porque ese dinero no era suyo ni de su familia.

Muchas de las personas de Guayabal que recibieron los cheques de la Cruz Roja viven en casas lindas hechas de cemento, bloques y zinc, con galería, y dos o tres habitaciones. Tienen sala, cocina grande, televisiones y parábolas de la compañía Claro que pagan todos los meses. Algunos tienen motos, camiones, yipetas, guaguas. Hay uno que está pensionado de cuando era guardia, otros que tienen negocios de banca o colmado, otros recibieron los 5.000 pesos y negocian muchos chivos y vacas. En fin, en situaciones mejores que los que no tienen casi nada, por lo que la calidad de vida de esas personas es mejor que la de gente que no recibió nada, como nosotros.

Según el programa de la Cruz Roja:

> 1.800 familias reciben ayuda humanitaria y son capaces de cubrir sus necesidades energéticas mínimas, de acceder en cantidades suficientes a agua para consume [sic] humano y de reactivar y/o proteger sus activos productivos esenciales de sus medios de vida.[1]

---

1 Proyectos de respuesta a la sequía en RD; 15/01/2016 - 14/07/2017 http://dipecholac.net/docs/files/caribe/RD-Respuesta-a-la-Sequia.pdf

La calidad de vida de los que no conseguimos ese cheque de la Cruz Roja se puede observar en que tenemos casas de tierra y clisae, cobijadas con zinc muy viejo y cana. Clisae es un palito que uno hace con palos grandes, los corta pequeño y fino, y luego uno los pone en todas las paredes de la casa. Después, le unta tierra para que quede como si fuera cemento. Si uno hace la casa así, pasa mucho trabajo cuando llueve porque toda la tierra se cae y se debe poner de nuevo. Por otra parte, lo que hacíamos para mantenernos era carbón, agricultura, trabajar en nuestra moto vieja, y algunos negocitos como vender algunas cosas de comer y gasolina detallada en botellas.

Algunas personas que no recibieron el dinero, al ver que todos los demás lo cobraban, se sintieron muy mal; hasta yo me sentí así porque vi que se lo dieron a muchas que lo necesitaban menos que yo. Realmente, yo lo necesitaba, y hasta quería llorar; pero mi Dios me dio mucha fuerza para no seguir pensando en lo que Gloria nos había hecho. Creo que si hubiera ido yo en vez de Line, tal vez ella me habría inscrito, porque cuando supe que estaban anotando a todas las personas, tuvieran o no documentos, fui a su casa, pero las dos mujeres ya se habían ido. Además, Line es una persona que tiene mucha vergüenza y no le gusta que le hablen mal o feo, por eso no insistió para que lo apuntaran. Por lo menos, Chembo estaba inscrito para recibir los fondos y él nos dio 500 pesos.

Si yo hubiera recibido los 5.000 pesos que la Cruz Roja les dio a las demás personas, habría comprado 2.500 pesos en zinc y clavos, habría arreglado mi casita; con los otros 2.500 habría comprado comida. No sé qué harían las demás personas que no recibieron el cheque, pero tal vez se alimentarían o comprarían botellones de agua. Me imagino que ellos pasaron tanta hambre y lucha como nosotros que no conseguimos esa ayuda.

Capítulo 16

Una noche, mi hijo estaba malo, vomitando, y tenía diarrea. Entonces, Line y yo a las diez de la noche lo llevamos para el hospital de Bánica. Cuando llegamos, duramos media hora antes de atendernos porque había otras personas que habían llegado antes que nosotros y que ya se estaban atendiendo. Los médicos le dieron a Diosli un sobre de suero, que echan en agua, y también lo inyectaron para la diarrea.

Después que terminaron con nosotros, nos fuimos para la casa. Cuando íbamos por el fondo de Sabana Cruz, a nuestra moto se le pinchó una goma, pero seguimos un poco hasta Hato Viejo, donde fuimos a ver si el muchacho que tapaba los pinchos de la moto estaba. Él estaba acostado porque eran las 11:30 de la noche, así que dejamos la moto en el cuartel de Hato Viejo con los guardias. Ellos nos prestaron un foco para aluzar el camino porque estaba muy oscuro, Line agarró una botella de vidrio y dos piedras para protección; nos fuimos caminando y llegamos a Guayabal en 25 minutos. Es así, cuando uno tiene hijos tiene que pasar trabajo con ellos y cuidarlos muy bien.

De vez en cuando, pienso en mis padres y también en mis hermanos. Conocí a mi hermanita cuando ella tenía 11 años de edad y yo, 17; no crecimos juntas porque yo me crie con Chembo y Mamota, y ella, con una señora de Bánica llamada Sonia, y yo no la conocía cuando vivía con ellos. Las personas, cuando la veían, me decían: "Isabel, yo vi a tu hermana, ella vive con una señora que vive frente al cuartel de Bánica, la señora es enfermera".

Pero yo no la visitaba porque Mamota no quería que la conociera, hasta que un día vino una hija de una sobrina de Chembo, que estudiaba en el colegio de Bánica. Mi hermana estudiaba también en ese colegio, y la sobrina la vio y le dijo: "Queridi, yo conozco a tu hermana que vive en Guayabal". Queridi le dijo: "Yo quisiera conocerla, siempre quise conocerla, pero como era una niña y no me gobernaba, no podía ir a verla".

Esto fue en el año 2016. Line me preguntó si quería conocer a mi hermana. Entonces, fuimos para Bánica a visitarla. Cuando llegamos conocimos a la señora que la estaba criando y le dijimos que yo era la hermana de Queridi, que habíamos ido a conocerla, y nos respondió que ella no estaba en casa porque ya se había ido para San Cristóbal a pasar vacaciones con su tía. Hablé un poco con la señora, que se llama Sonia, y le pregunté cómo era Queridi y en cuál grado de la escuela estaba. Ella me contó que mi hermana tenía 11 años y que se parecía mucho a mí. Yo me puse muy feliz. Después me dijo que Queridi estaba en segundo grado y que siempre se quemaba, que no era muy inteligente. También me dijo que en un mes ella iba a regresar de vacaciones y que volviera a visitarla.

La señora que está cuidando a Queridi es una persona muy buena. Era enfermera en el hospital de Bánica y trabajaba tres días a la semana. Atendía bien a todas las personas y conversaba con ellas; la vi varias veces cuando iba al hospital. Tiene cuatro hijos biológicos (tres varones y una hembra), que son muy respetuosos; yo los conozco. Ella me dijo que, cuando yo quisiera, podía ir a visitar a mi hermana. Nunca le negaría su verdadera familia.

Sonia nos contó que mi mamá trabajaba con ella, pero

que un día le dijo que iba a visitar a mi otra hermana, Catalina, que vivía en Sabana Cruz. Alguien le había dicho a mi mamá que la iba a llevar para La Capital, que le iba a dar trabajo, y ella se fue con esa persona. Entonces dejó con Sonia a Queridi, que tenía un año y medio. Cuando se fue, le dijo que le mandaría leche y pampers a la niña, pero nunca le mandó nada, nunca la llamó por teléfono, nunca volvió. Hasta ahora Queridi tiene 15 años, y no la conoce, al igual que nuestros otros hermanos y yo.

En ese momento, yo no sabía que mi otra hermana, Catalina, vivía en Sabana Cruz; no le di mente a eso ni la busqué porque pensaba que ya no seguía ahí. Me puse a pensar y dije: "Pero si mi hermana vive en Sabana Cruz, nunca la he visto; cuando yo estudiaba allí, nunca la vi". Por eso no me animé a buscarla en ese momento.

Conocí a Queridi en agosto del año 2015. Line, Diosli y yo fuimos a visitarla a su casa en Bánica. Cuando nos conocimos, me sentí feliz por encontrarme con mi hermanita de madre. No sé si se sentía tan feliz como yo, pero también estaba contenta y me dijo que quería ir para mi casa conmigo.

Luego nos la llevamos para nuestra casa en Guayabal; cuando llegamos, fuimos a visitar a la hermana de Line y pasamos por la Iglesia cristiana de Guayabal, también. Fuimos al río con nuestra amiga y nos divertimos mucho. La siguiente vez, la fui a buscar el 26 de diciembre y la llevé de vuelta a Bánica el 31 de diciembre: ella se quedó seis días con nosotros en nuestra casa.

Queridi es una joven morena y siempre se ve bien porque es linda; su piel es más oscura que la de nosotros tres porque sacó el color de su papá, no el de nuestra mamá. Aquella vez, cuando nos visitó, me decía que le comprara una bicicleta, pero yo no podía porque no tenía dinero.

Mientras estuvo de visita hablamos de mí, de nuestra madre, de su papá, y le dije que ella tiene que respetar a Sonia y a sus demás hermanos. La animé también a esforzarse más para poder ser más inteligente en la escuela y pasar de curso. Ella todavía está con la señora que la crio, pero casi no me busca porque no creció conmigo; conoce como familia suya a los que la criaron.

No conocía tampoco a mi hermana mayor cuando yo era niña, pero siempre tuve el deseo de encontrarme con, hasta que un día Line vio a un primo mío, que se llama Chichizo, quien le preguntó si él era mi marido. Yo conozco un poco a varios primos míos porque ellos sabían ir a mi casa en Guayabal. Iban y nos poníamos a conversar. Conocí a mis cuatro primos porque Line los llevó a mi casa y me los presentó, y también a él. En los campos, puede ser que las personas conozcan a casi todos porque son lugares chiquitos.

Chichizo le preguntó si yo conocía a mi hermana llamada Catalina. Line le dijo que no, que yo no la conocía y que yo no sabía dónde estaba viviendo. Mi primo le dijo que él había escuchado a algunos de mi familia decir que ella vivía en Sabana Cruz, y Line le dijo que estaba bien, que él me iba a decir para que yo la buscara. Cuando Line regresó para la casa, me dijo muy feliz: "Isabel, te tengo una sorpresa. ¡Tu primo me dijo que tu hermana mayor vive en Sabana Cruz!". Entonces, dije: "Parece que es verdad, porque mi primo me lo ha dicho y Sonia también", así que empecé a buscarla hasta que la encontré.

Yo me puse muy feliz y dije: "Pero ¿cómo va a ser que mi hermana viva a seis kilómetros de mí y yo no la conozca?". Porque yo siempre pasaba por el mercado, estudiaba en Sabana Cruz, y nunca la vi; y si la veía, no iba a saber que ella era mi hermana porque no la conocía.

Desde ese día, Line y yo empezamos a buscarla. Cuando Line se iba a conchar en su moto, siempre les preguntaba a los muchachos de Sabana Cruz si conocían a una muchacha llamada Catalina y le decían que no. Hasta que un día le preguntó a uno, y le respondió que él la conocía, pero que ya no vivía ahí. Le enseñó a Line a la mamá de la persona que había criado a mi hermana. Yo fui y le pregunté a ella si Catalina vivía con su hija, y me dijo: "Usted tiene suerte porque el esposo de mi hija ya casi se va para La Capital, pero todavía está en el campo".

El hombre vino a visitarme; hablé con él, le pregunté si Catalina vivía en su casa, y él me dijo que sí, que él y su esposa habían criado a Catalina, pero que ella no estaba viviendo ya con ellos. Me contó que ella se fue porque salía y llegaba muy tarde en la noche, y le dijeron que si iba a seguir viviendo con ellos, tenía que llegar temprano y acostarse temprano. Pero a ella no le gustó lo que le dijeron y se fue a vivir con una amiga. Luego se enamoró de un hombre y se mudó con él.

Me contó que ella vivía en Santo Domingo, que tenía un par de mellizos y que estaba embarazada. Después de decir eso, él se iba, pero su esposa iba a regresar para el mes de Semana Santa, así que yo podría ir a donde su mamá para que ella me explicara mejor. Cuando llegó el día que venía la señora, fui para la casa de su mamá a hablar con ella. Me explicó lo mismo que me había dicho su esposo: que había criado a mi hermana desde que tenía 11 años hasta los 17. Le pedí que me diera el número de Catalina, pero no lo tenía porque se le había borrado de su teléfono. Me dijo que cuando se fuera le iba a mandar un mensaje a Catalina por Facebook y que se lo iba a pedir. Después que lo consiguió, me dio el número de ella para que luego la llamara.

La llamé con el teléfono que Line y yo teníamos. Mientras la estaba llamando, sonaba, pero no contestaba. Seguí media hora, hasta que contestó. La saludé, y ella me preguntó: "¿Quién me habla?"; yo le respondí: "Soy yo, tu hermana". Ella me dijo que no recordaba que tenía otra hermana, que sabía que tenía a nuestra hermana más pequeña, Queridi, y a nuestro hermano, Abel, que vivía en Puerto Príncipe. Le conté que yo sabía que tenía tres hermanos por el lado de nuestra mamá (un varón y dos hembras) y que estaba en Guayabal, pero que no sabía que ella vivía en Sabana Cruz. Me preguntó si yo iría para La Capital para conocernos, y le contesté que sí, que en un mes iría.

Cuando tuve a mi hijo, me dediqué a cuidarlo. Line y yo estábamos pasando mucho trabajo en el campo en ese momento, hasta que un día, en 2017, dijimos que volveríamos para La Capital. A veces, nosotros, las personas que vivimos en los campos, tenemos que mudarnos a algunas ciudades más desarrolladas para encontrar trabajo en casa de familia, o como seguridad, en construcción, vendiendo cosas en la calle, y otros trabajos más porque en los campos casi no hay nada de trabajo. Los únicos empleos para la gente que no tiene educación, que no ha ido a la universidad, son la agricultura, negociar animales y algunos negocios como los colmados. Esos son unos de los únicos trabajos y negocios que uno puede hacer en el campo; pero en los pueblos como Bánica o Pedro Santana hay algunas oportunidades más, aunque no tantas.

Cuando fui para Santo Domingo, Line me mandó a mí y a Diosli con su hermana en la guagua pasajera sin problemas. Cuando él viajó después de los 10 días, tuvo que pagar 8.000 pesos en una guagua pasajera para poder venir. Pudo conseguir ese dinero con algunos trastes de la casa que vendimos y de lo que ganó siendo motoconcho. Guardó su moto en nuestra casa, y dejamos a un amigo de Haití que cuidara nuestras cosas. Volvimos a vivir en la casa de su mamá y su papá, la misma de antes, en Los Minas. Luego, él encontró un trabajo como wachiman de un edificio y yo, en casa de una familia, entonces ya los dos empezamos a trabajar. Yo tenía que llevar Diosli conmigo si no podía encontrar a alguien que me lo cuidara.

Quien me consiguió el trabajo fue Yolanda, la hermana de Line, que tiene muchos años viviendo y trabajando en La Capital. Y como ella tenía tres trabajos, me dio uno. Me presentó a la dueña de la casa, le dijo que yo era su cuñada, que no tenía trabajo, y que ella me iba a dar ese; era para quedarme con la nieta en la casa cuando la mujer se fuera a trabajar. La señora al principio no quería aceptarme porque no me conocía. Luego dijo que sí.

Luego, con el dinero que Line y yo juntamos de nuestros trabajos, alquilamos una casa en Los Minas y compramos una cama. Poco a poco, compramos trastes para la casa, una televisión, una nevera y otras cosas.

Duré como cuatro meses trabajando con ella, y lo que ganaba era 3.000 pesos mensuales. Pero después lo dejé y me fui a trabajar con una hermana de la misma señora. Lo que hacía era atender a dos niños; me pagaban 7.500 pesos todos los meses, y duré siete meses trabajando con ella.

Al principio, cuando nos mudamos a Los Minas, Line y yo fuimos a visitar a mi hermana Catalina. La llamamos por teléfono para que nos fuera a esperar en la parada. Llegamos, y la vi que venía para donde estábamos. Cuando Catalina y yo nos conocimos, estuvimos seguras de que éramos hermanas porque nos parecíamos, y porque nuestros corazones y nuestros sentimientos nos lo decían. Entonces, por primera vez, yo conocí a mi hermana mayor cuando ella tenía 21 años y yo, 18.

Fuimos a su casa en Villa Mella, y conocimos a su marido y a mis dos sobrinos. Le dimos algo de dinero y conversamos un poco de nuestras vidas y de cómo nuestra mamá nos entregó a los padres que nos criaron. Catalina es una mujer alta, linda, muy simpática, y le gusta reírse mucho. Se ve muy bien y es una persona a la que siempre le gusta estar arreglada y comprar muchas cosas para verse siempre linda. No le gusta andar sucia. Tiene un cuerpo muy lindo y es de mi color.

La casa donde ella vivía en ese momento era de los padres de su marido, y no pagaban para vivir allí. Era una casa de zinc y madera, y tenía un patio atrás, donde había una mata grande de aguacate, una de guanabana, tres de coco, y algunas de guineo y plátanos.

Después que vinimos para nuestra casa siempre hablábamos por teléfono. Ella estaba embarazada cuando la conocí, entonces, cuando dio a luz, Line y yo fuimos a visitarla y le llevamos algunas cosas. Sus hijos son tres niños muy lindos y tranquilos. El más pequeño se llama Elia, y los mellizos, Enmanuel y Eriberto.

Catalina me dijo que muchas personas la trataron muy mal y que pasó mucho más trabajo que nosotros. Cuando mi mamá la entregó a la primera señora para que la criara, esta mujer la ponía a cargar muchos botellones de agua en su cabeza de un río que quedaba muy lejos, la mandaba a hacer mandados de noche, y a ella le daba mucho miedo. Por eso, un día que la señora la mandó, Catalina no regresó; se quedó a vivir con otra familia. Me contó que ellos también la maltrataban, le daban muchos golpes, que la señora la ponía a dormir afuera, en una cocina vieja, y ella tenía mucho miedo, hasta que un día se fue a vivir con otra familia en Sabana Cruz que salió más o menos bien.

Muchas tías de Line viven en La Capital. Ellas venden aguacates, mandarinas, guineos, habichuelas, naranjas y algunas cosas más. Se van temprano a las cinco de la mañana para el mercado y cuando llegan compran las frutas más frescas y limpias que encuentran. Si van tarde ya no hay, porque muchos haitianos compran allí. Pero ellas regresan temprano y luego se van a vender a muchos lugares en todos los barrios cerca de donde los haitianos viven. Se levantan muy temprano para ir a vender; a veces no venden nada y regresan con todas las frutas, y a veces se les dañan y tienen que botarlas. Casi todos los días hay riesgo de que la inmigración las agarre, tome todas sus frutas y las mande a Haití.

A mí me gusta pasar tiempo con la familia de Line, pero también pensaba mucho en Chembo mientras vivíamos en Santo Domingo; por eso, lo llamaba y me comunicaba a veces con él. Después de algunos meses de vivir en La Capital, él me dijo que tenía problemas del corazón. Entonces, cuando lo trajeron para la ciudad, Line y yo fuimos a visitarlos a él y a Mamota al Hospital de Los Ríos. Él duró un mes en Santo Domingo en el barrio Las Américas, adonde un sobrino de él, Line y yo íbamos con Diosli a visitarlo cada sábado.

Cuando Chembo se volvió para el campo, Line les compró una televisión con el dinero que había ganado trabajando como wachiman. Mamota y Chembo estaban muy felices por el regalo y se lo llevaron para el campo. Antes, ellos veían televisión en lo de una vecina, pero como Chembo tendría que recuperarse en su casa, nosotros quisimos regalarle una, así tendría algo con qué entretenerse. Ellos pusieron una parábola de la compañía de Claro y la pagan todos los meses.

Line y yo duramos dos años en La Capital. Durante ese tiempo, Line trabajaba como seguridad de un edificio, y yo, en casa de familia; todo el tiempo vivimos en Los Minas cerca de la familia de Line. Pero en el año 2018 nos fuimos para el campo de nuevo.

Capítulo 17

Line y yo regresamos para el campo la segunda vez desde La Capital porque decidimos volver a nuestra casita en Guayabal; teníamos dos años sin ir al campo, y la casita se estaba cayendo. Fuimos para hacerla de zinc y para estar en la zona por un tiempo, porque a nosotros nos gusta el campo. Con el dinero que teníamos guardado, le pagamos 10.000 pesos a un hombre con un camión para que nos llevara la mudanza hasta Guayabal. Llevamos la nevera, el freezer, los trastes, y todas las demás cosas que teníamos. Todo lo que habíamos comprado en La Capital era de segunda mano, y las únicas cosas nuevas eran la cama y el abanico. Nos montamos con el hombre en la parte delantera del camión; salimos a las diez de la mañana y llegamos a las cinco de la tarde al campo.

Antes no teníamos luz en la casa, entonces, Line compró un alambre para conectar la luz. La pusimos de un palo de luz, y Line le pagó a un joven de Guayabal para que lo hiciera. No teníamos contador porque no teníamos contrato con la corporación. La verdad es que mucha gente en los campos no paga luz; compran el alambre y le pagan a una persona para que se la ponga y se la conecte de un palo de luz. Las personas que más la pagan en Guayabal son los que tienen negocios, como colmados, porque tienen cosas que gastan mucha energía como dos freezers, radios, abanicos y algunas más. Los demás que pagan luz pagan muy poco porque no tienen tantas cosas que gasten mucha energía.

Después, pudimos prender nuestros aparatos. Por otro lado, con el dinero que guardamos de lo que Line ganaba cuando trabajaba como motoconcho, invertimos en un negocio: empezamos a vender mavi, hielo de agua lluvia, salchichas y helado. Yo mandaba a comprar algunas cosas al mercado con un amigo mío llamado Kiki, como azúcar, sobres de jugo, rapa dura, y algunas cosas más, pero solamente cuando Line no podía ir para Haití. A veces, él llegaba de trabajar con su moto un poco cansado y no podía ir a pie, porque, aunque no es tan lejos, hay que caminar un buen trozo hasta el mercado.

Yo hacía los mavis con agua de lluvia y compraba los sobres de jugo en Bánica o en Haití. Los preparaba así: cogía dos cubetas de agua, ocho libras de azúcar y 40 jugos de sobre. Mezclaba 20 sobres de jugo en una cubeta de agua y tres libras de azúcar, le agregaba vainilla, y lo meneaba con un cucharón hasta que se endulzaba todo. Luego, con un envase, lo echaba en las botellitas de agua y los potecitos vacíos que eran de refresco. Line les pagaba a unos muchachos de Hato Viejo para que recogieran los potes de plástico en que yo hacía los mavi, y después, yo los lavaba con agua con cloro y jabón. Hacía hasta 150 mavi de dos sabores: fresa y naranja. Después de tres días en el freezer, yo los sacaba para Line y yo íbamos a venderlos en el mercado de Boque Bánica de Haití. Vendíamos cada uno a diez pesos.

A veces, llevábamos 100 mavis y vendíamos 80. Llevábamos los mavi a Haití en sacos y cubetas sobre nuestra cabeza. Pesaban mucho porque estaban congelados, y era así que uno tenía que llevarlos, porque, si no, las personas no los comprarían y tendríamos que regresar con ellos de nuevo. Cuando los vendía, yo compraba la azúcar y los jugos allá, en el mercado de Haití, porque si cambiaba los *gourdes* haitianos a pesos dominicanos en Bánica, me iban a dar menos; por eso los gastaba allá mismo.

El primer día que fui a vender helado para Haití, Line y yo fuimos con un asno que nos prestó un amigo suyo. Cargamos el asno con un serón donde llevábamos 100 mavis, y a cada lado del serón pusimos 50 mavis para que pesaran lo mismo. Luego nos fuimos para el mercado de Boque Bánica a venderlos, y esa vez solo nos quedaron diez mavis. Los vendimos cada uno a 10 pesos, y regresamos con los diez que sobraron para la casa. Ese día me fue bien porque vendí casi todos. Algunas veces después de ese día, yo llevaba 100 y vendía 60; tenía que regresar con los demás y ponerlos en la nevera. Pero todos los negocios son así, un día uno vende mucho y otro día uno no vende casi nada.

También, yo hacía helado de batata y guayaba. Compraba un saco de batata y una o dos fundas de guayaba en el mercado de Bánica, y luego hacía los helados. Ponía la batata a hervir con agua de lluvia y luego dejaba que se enfriara; después la licuaba y le echaba leche, azúcar, vainilla, y por último lo echaba en las funditas. Amarraba la boca de las funditas y luego los ponía en el freezer para que se congelaran y estuvieran listos para vendérselos a los muchachos de Guayabal a cinco pesos cada uno.

Siempre teníamos que usar el agua de lluvia para hacer el helado y el maví, pero queríamos una llave en la casa. Entonces, Line le preguntó a Gloria cuánto tenía que pagar una persona para poner una llave en su casa. Gloria tiene la responsabilidad en la comunidad de recolectar los pagos mensuales por el agua de la gente que tiene llaves en su casa, y guarda esos fondos para mantener la bomba que usan para bombear el agua del río al acueducto. Pero también, ella tiene el poder: si uno no le paga, puede mandar a alguien a echar cemento y tapar la llave. Eso le hizo a Elio, el hombre que nos vendió nuestro solar, quien también era viejo, casi ciego, y vivía solo.

Ella decía que si una persona no tiene llave en su casa, pero la recibe del vecino que está al lado, dueño de una llave, tienen que pagar los dos. Antes que taparan la llave de Elio, él siempre nos daba agua a Line y a mí, pero Gloria le dijo que si nosotros queríamos agua teníamos que pagar lo mismo que él. Todas las personas que tienen agua pagan 100 pesos mensuales, y por eso ella dijo así, que si queríamos tener una llave en nuestra casa, teníamos que darle 10.000 pesos. Yo sé que uno tenía que pagar, pero no todo ese dinero. Lo único que Line le dijo fue que él no la podía hacer porque eso era demasiado dinero.

Un año y medio después de estar en nuestra casa en el campo, se dañaron todos los aparatos, la televisión, el abanico, la nevera y el microondas. Parecía que la mayoría de las cosas que compramos fueron en balde porque casi todas se dañaron. Un día por la mañana, yo las prendí a todas; luego Line las apagó, y la luz se fue, como siempre, porque hay un horario para la electricidad en los campos. Cuando regresamos en la tarde, fui a prender la televisión, pero no quiso encender jamás. Prendí el abanico, pero empezó a tirar humo y se quemó. Yo conectaba todos los días la nevera y trabajaba, pero el mismo día fui a conectarla y no quiso prender. También se dañó el microondas. No sé por qué todas las cosas se rompieron, pero la electricidad en los campos a veces es bastante insegura y puede dañar todos los aparatos de una vez. Después, no pudimos hacer el negocio de vender, y tuvimos que buscar otra forma de ganar dinero.

Line y yo íbamos al Río Artibonito a pescar a veces para comer. Llevábamos un machete, un potecito de refresco vacío para echar las lombrices, dos hilos de nailon y cuatro anzuelos. Line compraba el hilo y el anzuelo en Haití (el anzuelo a cinco pesos, el bollo de hilo a 50 pesos) y tenía su machete. Cuando llegábamos al río, él buscaba con el machete las lombrices en el suelo, yo las echaba en el pote, y luego nos poníamos a pescar. Line me daba un hilo y dos anzuelos, y él tomaba dos anzuelos y un hilo también. Cuando sentía que picaban, lo llamaba para que jalara el hilo porque si yo lo hacía, el pez se me iba, pero a Line no se le iban porque él sabía cómo jalar el hilo. A veces agarraba un pez, y otras, dos; yo los tomaba y los ponía en un palito. Nosotros agarrábamos peces rojos que no tenían casi nada de espinas, y también los que tenían muchas espinas.

Line y yo nos íbamos al río a pescar desde las diez de la mañana y regresábamos a la casa como a la cinco de la tarde. Nos llevábamos a Diosli con nosotros, y él caminaba. Cuando llegábamos, se ponía a jugar y miraba cómo pescábamos. A veces encontrábamos muchos peces, pero otras no había mucho, y nos divertíamos bañándonos, nadando y jugando. Cuando terminábamos nos íbamos para la casa a cocinar los pescados, entonces los limpiábamos, los sazonábamos, y luego los freíamos y los comíamos.

Algunas veces no teníamos nada que hacer, y la hermana de Line nos mandaba un poco de comida cocinada. Nosotros cogíamos cada uno dos cucharadas y la otra se la dábamos a mi hijo Diosli para que él no llorara por hambre; nosotros dos nos quedábamos así hasta el otro día. Cuando estábamos en el campo, Line y yo podíamos hacer una sopa por la mañana y con eso nos acostábamos. A veces cocinábamos dos libras de arroz blanco con sopita o hervíamos mango verde y comíamos maduro; y con eso nos acostábamos.

La verdad, podíamos pasar un día entero sin comer nada. A veces comíamos solo mango con sal hasta el otro día, y gracias a mi Dios estamos vivos, hasta cuando lo permita. Nosotros pasamos mucho trabajo y nunca le pusimos la mano a nada ajeno, incluso nunca le pedimos fiado ni prestado a nadie; hasta ahora hemos sido así. A veces en el campo, sin pedir, nuestros amigos como Catherine, Kiki y Gilno nos daban comida.

En la comunidad de Guayabal, había una voluntaria del Cuerpo de Paz llamada Catherine. Ella duró dos años trabajando con los profesores de la escuela primaria de Guayabal y también como maestra de los niños. El día que la conocí, ella me había ido a visitar a mi casa, se quedó un rato, y luego se fue. Es estadounidense y una chica muy linda, respetuosa, solidaria y cariñosa. Ella les enseñaba a los niños y a los profesores en la escuela, visitaba a todas las personas de Guayabal y cumplía con su trabajo. Jugaba con los niños casi todas las tardes a la pelota, fútbol, y algunos juegos más. Era muy amiga mía, siempre me iba a visitar a mi casa; hablábamos de mí, de ella y de su familia. Era una persona que no se privaba de nada. Ella jugaba mucho con mi hijo Diosli cuando iba a visitarme, nos divertíamos diciendo algunos cuentos de nosotras dos. Después que ella cumplió los dos años, se fue a vivir para Pedro Santana, a trabajar en la oficina del Ministerio de Educación de los distritos de Bánica y Pedro Santana. Pero cuando llegó la pandemia del Covid-19, tuvo que irse para Estados Unidos. Todavía nos comunicamos por las redes sociales y seguimos siendo amigas.

Capítulo 18

Cuando regresé al campo después de los dos años en Santo Domingo, le llevé a Queridi la bicicleta que me había pedido. Entonces, un día Line y yo fuimos para Bánica a dársela, y ella se puso muy contenta. Aunque después de regresar a Guayabal ya no vivía cerca de mi hermana Catalina en La Capital, podía visitar a mi hermanita en el campo, pero no nos juntábamos mucho.

En el año 2018, mientras vivía en Santo Domingo, Mamota me llamó y me dijo que mi hermano, Abel, que estaba viviendo con mi tío en Puerto Príncipe, había ido a Guayabal a buscarme. Ella le había dicho que yo no estaba ahí, que vivía en La Capital, y que no sabía cuándo iba a regresar al campo.

La primera vez que me comuniqué por teléfono con mi hermano fue porque un primo mío que vive en Boque Bánica me dio el número de mi tío, quien crio a Abel. Hablé por teléfono con él, pero no lo conocí. A veces hablaba con mi hermano por teléfono, pero él no me decía si iba a venir para Guayabal. Antes que Mamota me dijera que me había venido a buscar, no me acordaba de él. Sabía que tenía un hermano varón, pero no lo conocí durante mi niñez en Guayabal.

Cuando llegué al campo, mandé a varias personas a buscar a Abel en Haití y a decirle que había regresado, que ya estaba en el campo. Por alguna razón, no podía comunicarme por teléfono con él; creo que porque el número que tenía no entraba. Le mandé a decir con dos personas, pero parece que no le dijeron o que se olvidaron, así que después le envié el mensaje con un señor que vive cerca de él en Boque Bánica, quien lo encontró y se lo dijo.

Entonces, él vino, y finalmente nos conocimos; él estaba muy feliz, y yo también. Mi hermano no sabe hablar muy bien el español, pero sabe y entiende algunas palabras, sabe escribir y leer un poco en español porque el último curso que hizo fue el segundo de bachillerato. Él estudiaba en Puerto Príncipe, pero se salió cuando hizo un desorden y mi tío lo mandó para Boque Bánica a vivir con un primo nuestro. Me dijo que él va a seguir sus estudios hasta que termine de bachiller, y yo le dije que los siguiera porque, la verdad, él es muy inteligente. Mi hermano Abel es un joven muy transparente y le gusta estar siempre limpio. Le gusta comprar tenis lindos y ropa bonita, no le gusta estar sucio, y también es de mi color.

Mi tío que vive en Puerto Príncipe lo crio desde que él tenía cinco años hasta los 16. Fue unos años después que mi papá murió y mi mamá me entregó a Chembo y Mamota que él fue a vivir con nuestro tío. Cuando eso pasó, mi tío fue al campo en Haití para buscarlo porque vio que mi hermano estaba pasando mucho trabajo, y se lo llevó para Puerto Príncipe. Abel conoce a muchos de nuestros tíos y tías, y tiene un documento de Haití, pero no de aquí porque no se crio en República Dominicana. Yo conozco solo a algunos de mis primos, pero no he visto a ninguno de mis tíos. Mi tía Soleil sigue viviendo en Boque Bánica, pero nunca más he estado ni conversado con ella, no sé por qué. No recuerdo su rostro muy bien porque cuando yo vivía con ella era muy pequeña, y hace muchos años de eso.

El desorden final que hizo Abel cuando vivía con mi tío en Puerto Príncipe fue así: un día que fue a la escuela, luego que lo despacharon para su casa, salió con varios de sus amiguitos a jugar, y no regresó a su casa. Se fueron para un mercado a comprar cohetes y luego, él y sus demás amigos los explotaron en ese mismo lugar. Algunos cayeron dentro de la mercancía de una mujer embarazada que estaba vendiendo en el mercado. Los cohetes la quemaron en una pierna, y algunas cosas de las que ella estaba vendiendo se le dañaron. La mujer les dijo que iba hablar con sus mamás y sus papás, y así lo hizo. Mi tío llamó a mi hermano para darle una pela, pero él se le fugó. Se fue a esconder y duró 22 días afuera durmiendo en la calle y comiendo lo que las personas le regalaban, como pan, galletas, refrescos y algunas cosas más. Me dijo que, al principio, dormía en un parque, y después dormía en una guagua que había abandonada delante de un cuartel.

Él me dijo que comía pan y mantequilla de maní que le daban las personas que estaban en el parque y lo veían ahí sentado. No tenía donde vivir ni donde dormir, pero todos los días iba a la escuela porque andaba con sus útiles escolares.

Un día, un militar vio que estaba cerca del cuartel muy tarde en la noche con el uniforme de la escuela puesto y le preguntó qué hacía a esa hora en la calle; mi hermano le dijo que desde hacía varios días dormía en la calle porque mi tío le iba a dar una pela, y por eso andaba escondido. El militar todos los días lo dejaba que durmiera ahí y a veces le guardaba un poco de comida. Hizo eso por Abel porque vio que, aunque se había salido de su casa, seguía yendo a la escuela.

Mi tío lo buscaba en todos los lugares, pero no lo encontraba, y estaba muy preocupado porque no sabía nada de él. Entonces, lo anunció por las noticias y puso su foto donde decía que cualquier persona que viera a ese muchacho lo llamara al número que aparecía allí.

Dos días después, lo vieron, llamaron a mi tío, y él lo fue a buscar. Lo trajo de castigo para Boque Bánica, a la casa de un primo mío, para ver si cambiaba y dejaba de hacer desorden. Desde ese tiempo, no ha regresado a Puerto Príncipe.

Después de conocer a Abel, lo invité a vivir con nosotros en Guayabal. Mientras mi hermano vivió conmigo, él y Diosli dormían en una camita, y Line y yo en otra cama. Vivíamos un poco incómodos los cuatro porque era una sola habitación y una sala, pero no podíamos hacer nada porque no teníamos más.

En ese tiempo, él y yo jugábamos cartas, leíamos un libro juntos; a veces me ayudaba a fregar, a lavar y a limpiar la casa. Nos ayudaba a Line y a mí a rastrillar y podar el patio: Line con un pico, Abel con una azada; y yo sacudía la hierba y la botaba para fuera en la orilla de la empalizada.

Algunas veces, Line y yo nos íbamos para Thomassique al mercado de allá, y al Río Artibonito, y a él lo dejábamos con Diosli en la casa. Cuando regresábamos, nos guardaba comida lista porque, como él sabe cocinar, antes de salir le dejábamos comida para que la preparara.

Él quería caminar todos los días para Haití y dormir en Haití; pero le dije que si iba a vivir conmigo, no podía ir mucho para Haití porque las personas de Guayabal, cuando veían a alguien saliendo y llegando tarde en la noche, decían que era un ladrón y que se estaba robando los chivos de las personas para ir a venderlos a Haití. Le dije que Line y yo no teníamos suerte con algunos de los vecinos de Guayabal porque ellos decían que éramos ladrones por esa misma razón, aunque la verdad no es así.

Cuando le dije a mi hermano que no podía caminar de noche para Haití porque la gente de la comunidad de Guayabal diría que era un ladrón, se asustó mucho. Me dijo que las personas que dicen esas cosas de cualquier otra que no conocen son malas y con el corazón sucio; que no deberían levantar calumnias sobre ninguna persona, y menos de las que ellos no conocen, porque no todos los que salen y entran tarde de noche son ladrones.

Él duró como dos meses más. Luego se fue porque quería caminar a Haití todos los días, y llegaba a tardes horas de la noche; él no escuchaba lo que le decíamos. Se fue de nuevo a vivir para Boque Bánica, pero después siempre venía, pasaba un día con nosotros, algunas veces amanecía y se iba al otro día.

Él es igual que mi hermana mayor y tiene la misma forma de ser: les gusta caminar mucho y buscan a las personas de la calle más que a su familia. No escuchan cuando se les da un consejo y les gusta estar siempre en los coros. Yo no soy así, yo valoro a mi familia, pero a veces los sentimientos no son mutuos.

Abel no conoce a Queridi; algunas veces le dije que fuera para Bánica conmigo para conocerla, pero no se animó a ir. El día que me dijo que lo llevara, ella no estaba en casa porque había ido a La Capital con su tía. Él solamente me conoce a mí personalmente, pero a Queridi y a Catalina las ha visto en foto. Yo los conozco a los tres. Queridi conoce a Catalina, pero ellas no conocen a Abel, todos se conocen en fotos. Abel ya no está viviendo en Boque Bánica, sino en Azua con unos amigos; todavía sigue igual. Si él no hubiera dejado la escuela, ya habría terminado el bachillerato, pero él no siguió estudiando, solo anda caminando con sus amigos. Actualmente, cuando hablo con él por teléfono, es en kreyol, al igual que cuando vivía conmigo, porque él no sabe mucho el español.

A mí me criaron con muchos principios, nunca me gustó andar en coro. Para las personas que no saben lo que significa andar en coro, es cuando una persona siempre está caminando con sus amigos por todos los lugares sin importarle donde sea, y nunca está en su casa. Cuando lo necesitan, nunca está porque se fue con su grupo o con su coro de personas. Yo nunca he estado en ningún coro ni en ningún grupo de amigos; siempre he estado sola porque así me crie y así me quedé.

La verdad es que mis tres hermanos y yo no nos parecemos tanto, ni tenemos casi nada en común, porque la forma como ellos se criaron y vivieron es muy diferente. Además, a Abel y Catalina les gusta beber alcohol y andar como vagos en la calle, y yo no soy así. Ellos no escuchan cuando uno les da un consejo, y buscan a las personas de fuera más que a sus propias familias. La verdad es que yo soy la que los busca; ellos nunca me buscan, y si hubiera sido por ellos tres, nunca los habría conocido, ni ellos a mí. Por eso primeramente le doy las gracias a Dios y luego a Line, que me ayudó a buscarlos, porque hoy los conozco a los tres, y ellos tres también me conocen a mí.

Capítulo 19

En República Dominicana les gusta hacer muchas cosas como fiestas, celebrar el Día de la Independencia Nacional, hacer carnavales y bailes de baile. El 27 de febrero es el Día de la Independencia en República Dominicana, un día muy importante para los dominicanos; en algunos lugares del país hay muchas fiestas. Hacen muchas artes y marchas; las personas se visten con máscaras, andan en las calles y gritan: "¡Que viva la República Dominicana!". Los niños también se visten con máscaras y celebran ese día.

Recuerdo que cuando yo era una niña, las sobrinas de Chembo siempre me maquillaban la cara a mí y a todas mis amigas, y luego nos íbamos a ver las máscaras que venían de Sabana Cruz y Hato Viejo.

En Guayabal hay un hombre que, todos los años, el 27 de febrero hace una fiesta en su casa hasta el otro día al amanecer. Muchas personas de otros lugares vienen a beber y a bailar, y al otro día se van. Siempre hacen una fiesta, tocan palos, ponen música, hacen mucha comida como sancocho, chenchen, arroz con habichuelas y carne. Las personas vienen de distintos lugares como Guaroa, Pilón, Guayabal, Hato Viejo, Sabana Cruz, Pedro Santana, Haití, y algunos lugares más, y todos se divierten mucho.

Yo fui una sola vez a vender pinchos, que son salchichas asadas en barbacoa, en la gallera que está cerca de la casa de ese señor. Pero esa noche, cuando fui, había una mujer de Pilón que estaba peleando con su marido: él estaba celoso porque ella bailaba con muchas personas. El marido quería irse a acostar, pero ella no quería irse; él se puso celoso y, cuando estaban peleando, estaban tirando piedras, y yo tenía miedo; las demás personas los separaron. No sé qué pasó porque me fui para mi casa.

En República Dominicana siempre se celebran muchas fiestas, y esos días son feriados; no se trabaja; por ejemplo, la fiesta de la Virgen de la Altagracia. Hay muchas personas que celebran todos los años esa fiesta, todos los 21 de enero.

Yo conozco a un cuñado de Chembo que vive en Pedro Santana, y él y la hermana de Chembo celebran esa fiesta todos los años. Es igual que la fiesta que celebran en Guayabal todos los 27 de febrero, pero en aquella no amanecen ahí. Yo fui a esa fiesta en Pedro Santana cuando era niña con unas sobrinas de Chembo, pero no volví más.

El 21 de enero, la gente celebra esa fiesta durante varios días, y muchas personas van a Higüey para amanecer en la casa de la Virgen y visitar la Iglesia. Ellos hacen promesas y, si la Virgen les da lo que piden, le llevan rosas, velones, velas, animales y muchas cosas más. Hay muchas personas que las celebran en sus casas bailando, tocando palos y rezando. En casi todos los campos, a la gente le gusta tocar los palos, la tambora, el acordeón y la güira en las fiestas. Los alumnos de la escuela de Guayabal usaban las cubetas de agua vacías o zafacones para tocarlos como palos. Cuando yo estaba en el campo, lo hacían así y siempre era divertido, la gente bailaba y se animaba mucho.

Las fiestas patronales que se hacen en Bánica, Sabana Cruz, Pedro Santana y muchas otras ciudades en el país se celebran en las calles con conciertos de artistas conocidos, y no tan conocidos, que van a cantar a esos municipios. A estos artistas, los llevan los síndicos a cantar y les pagan su dinero. Hay gente que vende comida y bebidas. Yo nunca fui, pero he escuchado a algunas personas que siempre van y dicen que ellos se divierten mucho cuando van a esos festejos. Las personas del campo beben y tienen fiestas si alguien celebra cumpleaños, si es mes de diciembre o Semana Santa.

Cuando llega el mes de la Navidad, casi todos los dominicanos beben mucho, bailan, y el 24 de diciembre hacen muchas cenas para darles a todas sus familias por la Noche Buena. Ponen arbolitos muy lindos y hacen muchas fiestas en todos los campos porque les gusta festejar en el mes de la Navidad. La gente que tiene familia en los campos va para allá a visitarlos y a pasar el Año Nuevo con ellos. Van a visitar a sus amigos, a dar vueltas a los otros campos que están cerca, y van a los bares y las discotecas.

Lo único que hago en el mes de la Navidad es la cena, y pongo un arbolito si tengo dinero para comprarlo. Me gusta pasar el Año Nuevo en la iglesia cristiana en Bánica, luego regreso a mi casa para acostarme. Yo he pasado muchos días felices en los días feriados en la República Dominicana.

La comida es algo especial para los feriados en República Dominicana y en Haití también. Por ejemplo, asopao es una comida que la gente no hace todo el tiempo, por lo menos en mi experiencia. Los ingredientes que uno debe tener para hacer un asopao son sopita, sal, sazón líquido y completo, ajo, pasta de tomate, verdura, orégano, pimienta, cebolla, carne de la que a uno le guste (de cerdo, res o pollo) y arroz. Para hacer un asopao, uno sazona la carne primero, luego la cocina y la saca en un envase, después pone el agua del arroz más todos esos sazones que están ahí. Cuando el agua está hirviendo, uno lava el arroz, lo echa en el caldero y luego echa la carne. Tiene que poner más agua que arroz en el caldero para que pueda hacerse el asopao. Después agrega todos los demás ingredientes y espera que se cocine bien. Es riquísimo y algo muy caribeño.

Un día feriado, 24 de diciembre, visité una fiesta de un tío de Line en Haití. No participé tanto porque era de noche y las personas estaban bailando y cantando. En esa fiesta mataron un puerco grande y muchos pollos, e hicieron sancocho, arroz, asopao y algunas cosas más. Fueron muchas personas, y amanecieron bebiendo y bailando; comenzó desde la diez de la mañana y se acabó al otro día a las ocho de la mañana. Desde las ocho de la noche, mi hijo Diosli y yo nos acostamos a dormir en la casa del tío de Line, pero Line no se acostó y amaneció con las demás personas que estaban ahí. Yo fui a esa fiesta porque el tío de Line me invitó, pero, si no, no habría ido, porque a mí no me gustan las fiestas en las que lo que más hacen es beber alcohol; yo no bebo alcohol y bailo en mi casa, pero no en fiestas.

No bebo alcohol porque no me gusta el olor, ni me gusta cómo se ponen algunas personas cuando beben demasiado. Algunos de ellos andan en la calle borrachos, duermen al aire libre, y no se acuerdan de nada de lo que hacen mientras están así. Cuando era niña, yo decía que no iba a tener ningún vicio; así es, no tengo vicio de ningún tipo de alcohol ni de ningún tipo de bebida como cerveza, ron, vino, etcétera.

Recuerdo que un día tuve un dolor de muela y no podía aguantar el dolor, así que me dieron un poco de clerén para que hiciera buche, pero sin querer me tragué un poco y me sentí muy mal. Parecía que me quemaba la garganta y dije: "Pero ¿cómo es que las personas beben clerén?", porque es muy caliente.

Yo nunca he visto cómo se hace el clerén, pero he escuchado lo que algunas personas dicen con relación a cómo lo preparan. Ellos consiguen el jugo de las cañas y lo echan en un recipiente muy grande, luego lo ponen a hervir en un fogón y le echan muchos químicos o alcohol, no estoy segura de cuáles. Se murió gente por ingerir un clerén que estaba envenenado; ahora, después que se murieron todas esas personas, los militares, dondequiera que vayan, si ven a alguien haciéndolo o vendiéndolo, se lo botan. Las personas que beben clerén no están saludables porque esa bebida daña los órganos. Conozco a muchas personas del campo que son alcohólicas por el clerén; ellos venden sus ropas, zapatos, sus comidas crudas para comprarlo y beberlo.

Cuando algunas personas del campo y de La Capital beben, se ponen muy borrachas, pelean, dicen palabras muy groseras, andan y duermen en la calle, hacen muchas cosas feas y casi no conocen a nadie. Hay gente que bebe a diario y casi no come nada. Algunas personas de La Capital y de los campos beben todos los fines de semana, pelean mucho, tiran piedras, machetes, botellas, disparan tiros, y a veces hieren a otros. Ocurre también que cuando están borrachos, les dan golpes a sus mujeres y las maltratan.

Yo conozco a muchos jóvenes de 12 o 13 años que beben alcohol, lo compran en los colmados y dicen que es para sus padres. Ellos no les pueden decir que no porque sus hijos hacen lo que quieren o no saben bien lo que hacen. Cuando yo tenía 13 años, a mí me invitaban a algunos cumpleaños; si Mamota quería que yo fuera, iba, y veía a muchos de mis amigos y amigas bebiendo, pero cuando me brindaban, yo les decía que no. Yo no me crie como algunos jóvenes que conozco.

Capítulo 20

Hay muchas personas de República Dominicana que se van a otro país a buscar oportunidades y, antes de llegar, pasan mucho trabajo, pero, supuestamente, en ese país les va mejor que aquí. A otros les sale mal, no como ellos pensaban, y cuando están allá dicen que mejor habría sido si se hubieran quedado en su país, y regresan para República Dominicana. Pero eso les ha pasado a muchos ciudadanos que dejan su país por otro; es por eso que los haitianos también se van para Chile o Brasil, porque esos dos países son los que están abiertos para los haitianos que quieran viajar. Algunos, después que están allá, se van escondidos para otros países como Estados Unidos.

Las personas que no tienen familia en el país a donde viajan, se mantienen por tres meses y tienen que regresar a su país porque, si no tienen residencia, no pueden quedarse a vivir allá. Hay algunos que viajan escondidos en barcos, lanchas y canoas; si los militares los encuentran, los devuelven a su país. También hay muchos haitianos que viajan escondidos y que tienen sus papeles, pero lo hacen para poder progresar, porque en Haití no tienen trabajo, y si encuentran en Santo Domingo, ganan poco dinero.

Hay muchos que se van sin saber el país de destino, y cuando llegan, no tienen dinero para comprar comida, piden limosna, y hasta duermen en los parques y en la calle. Pero hay otros que tienen algunos familiares y amigos que viven allá, se quedan en su casa hasta que encuentran un trabajo y luego se mudan a un lugar propio. Hay personas que se van y duran hasta diez años o más sin ver a sus familias y sin regresar a su país, y tienen mucho éxito en su país nuevo. Yo conozco gente en las dos circunstancias.

En la comunidad de Guayabal, algunos dominicanos consiguieron un pasaporte haitiano porque para ellos puede ser más fácil viajar. Otras personas consiguieron sus documentos porque algunos síndicos y políticos los ayudaron a obtenerlos para que voten por ellos o por su partido. Ellos tienen sus papeles porque esos políticos se los hicieron. Hay una señora que yo conozco que les ha hecho documentos a algunas personas gracias a la política; ellos tienen que darle algo de dinero y también votar por quien ella diga o quiera.

Cuando en República Dominicana hay elecciones, todas las personas están inquietas porque dicen que su partido va a ganar; hay quienes no se quedan tranquilos esperando a ver los resultados. Los candidatos andan de barrio a barrio visitando a la gente y también comprando votos. Ellos les hacen casas a algunas personas, les dan zinc, cemento y enlate para que las construyan. A veces ayudan a sacar la cédula a quienes no tienen.

Cuando en la comunidad de Guayabal se realizan elecciones, a veces el síndico del partido blanco, el Partido Revolucionario Moderno (PRM), lleva una retroexcavadora o una palita para arreglar el camino desde Sabana Cruz hasta Pilón, pero después de tres o cuatro meses llueve, y la carretera se daña de nuevo.

Los síndicos del partido morado, que es el Partido de la Liberación Dominicana (PLD), la han arreglado también, pero se vuelve a arruinar porque lo único que ellos hacen es quitarle un poco de tierra y piedras, tapar los hoyos y hacer las cunetas para que el agua pase.

El año 2019, cuando yo estaba allá en Guayabal, estaban haciendo las aceras y los contenes, y escuché que el síndico del partido blanco iba a hacer la pista. Vamos a ver si es verdad, porque hay muchos que prometen y no cumplen.

En Guayabal, la dinámica política con los dos partidos, el partido blanco y el PLD, es hacer campaña; aspiran a regidores y a síndicos. Algunos les dan trabajo a las personas y otros, no. En la escuela de Guayabal votan cada cuatro años. Los vecinos se convierten hasta en enemigos por la política. El síndico de Sabana Cruz es el mismo síndico de Guayabal. Cuando algunos aspirantes llegan a los campos, compran los votos hasta por 1.000 pesos, dan botellas de ron con su mensaje de la campaña escrito, o dan comida y materiales para la casa.

Cuando Luis Abinader empezó a hacer campaña para aspirar a presidente en 2019, yo estaba en Santo Domingo. En el año 2020, ganó el partido blanco PRM, que tenía 16 años perdiendo. Algunas personas de Guayabal estaban como locos de contentos porque decían que no aguantaban más. República Dominicana entera decía que quería un cambio, y así fue, ganó Abinader.

Algo importante que hizo Abinader en la República Dominicana fue prohibir los matrimonios de personas menores de 18 años. Para mí, esa ley del presidente Luis Abinader es muy buena porque hay muchas niñas menores de edad que se casan de 13, 14, 15, 16 y 17 años de edad. Pienso que él impuso esa ley porque República Dominicana es uno de los países donde más menores de edad se han casado y han tenido sus hijos a esa edad. Pero este no es el único país donde las niñas y los niños se casan tan jóvenes: en la República de Haití lo hacen también. Cuando uno va allí lo que más ve es niñas de 13, 14 y 15 años de edad paridas con sus niños en brazos.

Ahora mismo, en la República Dominicana hay gente que está muy feliz por esa ley que el presidente Luis Abinader impuso; son personas respetuosas que quieren que las niñas y los niños de su país salgan adelante, que no dejen sus estudios para que el día de mañana puedan progresar y tener una buena profesión.

Pero hay otros que no lo están porque se oponen a esa ley; son sinvergüenzas y malos, no piensan en sus hijos e hijas, que pueden estar de acuerdo también. En República Dominicana hay muchas menores de edad que son madres solteras y no tienen quien las ayude a salir adelante con sus hijos, no cuentan con ninguna profesión. Son sus padres quienes las mantienen porque no se protegen y, cuando salen embarazadas, a veces no saben quién es el papá. Pero también es porque los padres son jóvenes y dicen que no se pueden hacer responsables a esa edad.

Hay muchas niñas que se casan antes de los 18 años. Es porque a veces están pasando mucho trabajo, sus familias son pobres y encuentran algunos hombres que son mucho mayores que ellas y que tienen dinero. Cuando ellas ven que están pasando trabajo y esos hombres se enamoran de ellas, se casan o se van con ellos. En este tiempo, algunos hombres les hablan bien a las niñas para que puedan caer en sus trampas. Muchos hombres son frescos y no buscan mujeres de su edad, sino niñas; ellos son los sinvergüenzas.

Hay muchos de ellos que las maltratan y les dan muchos golpes. Es frecuente que dichas niñas se casen porque reciben ese mismo trato de sus padres también, y que por eso se vayan con el primero que encuentren. Pero a veces es que sus propios padres ven que algunos hombres tienen mucho dinero y las apoyan para que se casen con ellos. Si las niñas no quieren, las obligan a hacerlo, y como ellas no se gobiernan, hacen lo que sus padres les dicen.

Pero, la verdad, somos nosotros, los padres, los que debemos darles consejos a nuestros hijos e hijas desde que son pequeños, para que cuando se les presente una persona de esas, sepan qué hacer y qué decirle. No solo a los hombres jóvenes les gusta conquistar niñas menores de edad, sino que también hay muchos ancianos que hacen eso y se aprovechan de ellas; después las difaman en las calles y hablan mal de ellas. Por eso debemos tener mucho cuidado con nuestros hijos.

Otro componente de abuso verbal en la República Dominicana son todos los piropos que tiran los hombres. Es cuando una mujer pasa por la calle y los hombres quieren enamorarla, pitándola o diciéndole algo como: "Hola, mi amor, llévame contigo"; "Tú sí estás linda"; "¿Para dónde va?"; "Vente conmigo"; "Regálame una foto" o "Tú estás buena, bebamos una cerveza" o mucho peor.

La verdad es que a mí casi nunca me han tirado piropos. Es mejor así, porque no me gusta; si lo hacen, yo sigo mi camino y no les hago caso; en mi experiencia, si hago eso no me siguen molestando. En cambio, si me paro es porque estoy de acuerdo con esa persona, que va a seguir tirando piropos si me ve que espero en un lugar. A muchas chicas les gusta cuando los hombres les tiran piropos, y de una vez se van a hablar con ellos, pero hay a quienes no les gusta, que hasta los insultan y luchan para evitar ese abuso. A algunas les afecta mentalmente, y no quieren aguantarlos, porque hay tigueres en muchos lados de República Dominicana que no entienden el daño que están haciendo.

En este país se proyecta la sexualidad de muchas formas. Además, aquí la mayoría de menores saben de sexo. En el campo hay muchas relaciones irregulares entre hombres y niñas menores de edad. Se ponen a enamorarlas y, aunque estén casadas, no las respetan. Por lo general, quienes hacen eso ya se han casado y están buscando más. Algunos hombres mantienen muchas familias a la vez: tienen esposa y varios hijos, luego se dejan, vuelven o se casan de nuevo con otra mujer, y nacen más hijos de esa unión. Yo conozco a muchos señores que forman hasta tres familias diferentes. En Haití eso es muy frecuente también. Algunos incluso las tienen en los dos países. La verdad, yo no lo soportaría: cómo voy a estar con alguien que tiene dos o tres mujeres; nunca haría eso.

Capítulo 21

En el año 2019, yo salí embarazada de mi hija Dioneisi. Los primeros cuatro meses del embarazo, hasta lloraba, porque no podía comer ni beber nada porque me hacía daño. No podía beberme las pastillas y me puse muy delgada. Después, podía comer de todo y no me pasaba nada. Durante ese periodo, cuando me sentía mal, iba al médico, y me consultaban, pero no me daban ningún otro medicamento que no fuera sulfato ferroso, acetaminofén, calcio, y dos clases de pastillas más que no recuerdo cómo se llaman.

Un día, fuimos a buscar mangos al bosque. Cuando llegamos, Line comenzó a lanzar piedras para tumbarlos, pero no cayó nada, así que se subió al árbol, empezó a tumbar mangos, mientras yo abajo los recogía y los echaba en un saco. Ese día corría brisa. En el árbol había un nido de pajaritos que dentro tenía una serpiente. Cuando Line se subió en esa rama, el nido se cayó, y la serpiente se salió de ese lugar. Él me dijo: "¡Isabel, corre!", y yo salí corriendo porque pensé que pasaba algo malo: era que la serpiente me iba a caer encima. Yo no le tengo miedo a esos animales, pero si me caía encima, me iba a asustar mucho.

En ese tiempo, en Guayabal era difícil para nosotros ganar dinero porque todos nuestros aparatos se habían dañado y no podíamos hacer mavis ni helado. Además, la máquina de la moto de Line estaba rota, y él no podía trabajar como motoconcho. Entonces, nos íbamos a los bosques a buscar tamarindos para venderles a los camioneros; recogíamos los que estaban al frente de mi casa en una manta, los echábamos en un saco y nos íbamos a buscar más a otro lugar, como en el río de la bomba.

Algunas veces, mi hermano iba también, porque él todavía vivía con nosotros. Él se subía al árbol a tumbarlos; Diosli y yo los recogiamos del suelo, y los echábamos en un saco. Luego nos íbamos todos para la casa. Line y mi hermano cargaban el saco; yo no los podía ayudar porque estaba embarazada y no podía hacer mucha fuerza. A veces íbamos desde la una de la tarde hasta las seis, y otras íbamos a varios lugares a buscar más tamarindo hasta que llenábamos el saco, porque para llenar uno teníamos que buscar diez u 11 cubetas de fruta.

Luego, nosotros los vendíamos a los camiones que los compraban en los campos. El precio mínimo es 700 u 800 pesos, y el máximo es 1.000 pesos, no sube más de ese valor. Ese año, nosotros los vendíamos por 700 pesos.

Recuerdo que un día yo estaba cocinando una yuca afuera (porque no tenía cocina), y empezó a llover. Entonces agarré el caldero y salí corriendo para dentro de la casa, pero tropecé con una piedra y me caí. El agua caliente me quemó el brazo y la espalda, y se me hizo una herida muy grande. De noche no podía dormir ni aguantar el dolor. No me sentía bien por varias razones.

Otro día, mientras Line no estaba en la casa, Chembo llevó un gallo para que nosotros se lo atendiéramos hasta que se sanara o para que no peleara, porque ya otro gallo le había explotado uno de sus ojos. Tiempo después, el gallo del vecino que peleaba con el de Chembo vino para mi casa a pelear otra vez. Mi hijo Diosli y yo estábamos durmiendo, cuando de repente escuché a los gallos peleando y salí corriendo para separarlos. Había una mesa delante de la puerta, choqué con uno de los costados y me di en la barriga. Me asusté mucho porque pensé que mi bebé se había dado un golpe, pero no pasó nada. En el campo, la vida puede ser insegura a veces.

Line y yo decidimos volver para La Capital a los ocho meses de embarazo. Vendimos el alambre (así que ya no hay luz en la casa), nos despedimos de todos y trancamos la moto de Line adentro. Cuando nos mudamos esta vez a Los Minas, yo estaba embarazada y tenía a mi hijo Diosli. Viajamos los dos en una yipeta alquilada con una sobrina de Chembo, la que vive en Suiza, de donde es su esposo.

 Era mes de diciembre, y ellos habían ido para el campo a visitar a sus familias y a pasar Año Nuevo en una casa que construyeron en Guayabal. Como iban a ir a La Capital, les pedí que nos dieran una bola hasta allá. Ella me dijo que sí y nos llevó. En ese viaje solo cargué un bulto pequeño con un poco de ropa mía y de Diosli; dejé un bulto grande con las demás cosas en la casa de Chembo para que él me lo mandara con un sobrino suyo que siempre va en su camión para el campo. Luego de dos semanas de estar en Santo Domingo, él mandó el bulto, y yo fui a buscarlo a la casa de su sobrino. Por su parte, Line otra vez tuvo que gastar mucho dinero para llegar a Santo Domingo; llegó en un camión desde la frontera.

 Apenas llegados a La Capital, nos quedamos dos semanas en la casa de Yolanda, la hermana mayor de Line. El seis de enero yo di a luz a mi hija Dioneisi en el Hospital Materno Infantil San Lorenzo de Los Minas. Mi experiencia en la maternidad de Los Minas fue que los doctores eran mucho más que en el campo y que todos eran buenas personas. Los que me atendieron eran jóvenes como de 25 años de edad.

 Digo que eran buenas personas y buenos doctores porque me trataron bien después que di a luz a Dioneisi. Ellos me dijeron que Line y yo podíamos declararla en el hospital antes que me dieran de alta, pero les contesté que ni él ni yo teníamos documentos. Entonces me explicaron que antes de que me dieran de alta podía ir a la junta que está dentro del hospital, y dar mi nombre completo y mi número de teléfono; así lo hice. Me dijeron que cuando sacara mi cédula podría declararla en el hospital. Los doctores me atendieron como dominicana porque pensaban que ese era mi origen. No sé cómo me habrían tratado si se hubieran dado cuenta de que soy haitiana.

Después que di a luz a Dioneisi y todo salió muy bien, alquilamos la casa donde vivimos ahora en Los Minas. Pagamos todos los meses 3.000 pesos, pero si se nos daña la luz, tenemos que contratar a una persona por 300 pesos para que nos la arregle. En cuanto al agua, la conseguimos de un tubo que está delante de la puerta de la casa. Viene los jueves y los domingos. Esos días a veces logro juntar agua, pero otras, no. Esto ocurre porque, cuando el agua llega, muchas personas conectan sus bombas de jalar el agua, y eso hace que no suba a mi tubo. Luego el agua se va, y como no puedo conseguir nada, Line y yo tenemos que buscarla con cubetas y galones en otro lugar.

Tenemos una vecina que algunas veces, cuando ve que no conseguimos agua, nos llena algunas cubetas. No juntamos agua si hay luz, pero si la electricidad se va, podemos llenar los galones porque el agua sube al tubo. Esto no sucede siempre porque, ahora mismo, la luz no se va tan seguido.

Esta casa, la verdad, no es muy buena. Es por eso que el dueño no nos cobra mucho dinero. Si estuviera en buenas condiciones, nos cobraría más caro. Les digo que no está en buena condición porque, cuando llueve mucho, todo el techo y algunas de mis cosas, como mi ropa, se mojan. Las paredes no están empañetadas; siempre hay humedad, y por eso mi ropa se daña.

Cuando pasó el ciclón Gonzalo en el año 2020, entró

mucha agua en la casa y toda nuestra ropa se mojó. No me he mudado porque no tengo dinero para completar el depósito de otra casa. Cada vez que le va a pagar al dueño de la casa, Line le insiste para que la arregle, pero no lo hace. Esta casa donde vivimos ahora es de una sala y una habitación pequeñas, el baño está afuera y también es pequeño, pero el patio es seguro porque está cercado de bloques y es un lugar tranquilo.

Aquí tengo muchos vecinos a mi alrededor, aunque casi no sé nada de ellos porque nunca he ido a sus casas; solo los saludo cuando los veo, y ya. Sin embargo, me relaciono con una vecina que vive muy cerca de mí; lo único que divide su casa de la mía es una pared. Esta vecina vive con su esposo, su mamá y su hija, y son muy buenas personas. Algunas veces converso con ella de mi lado de la pared, y ella del suyo. Es la única vecina con la que hablo porque veo que son personas buenas, que no buscan problemas y que son como yo, siempre están en su casa y no salen para ningún lado si no es para hacer una diligencia. No viene mucha gente a nuestra casa, solo la familia de Line, que viven cerca y siempre pasan a visitarnos. A veces, el sobrino de Line, Sebastian, quien es el hijo de Yosin, nos visitaba para charlar un poco o jugar con los niños. Si bien él antes vivía en Guayabal, se mudó a La Romana a vivir con sus hermanos.

Todavía no sé mucho de Santo Domingo porque no me crie aquí, pero he ido a lugares muy lindos. Casi no he ido a muchos porque, la verdad, tengo mucho miedo de caminar sola en Santo Domingo por la delincuencia. Si tengo que ir a algún lado cerca de mi casa, voy caminando porque no me gusta subir con motoconcho que no conozca; algunos han atracado, violado y matado a personas que se suben con motoconchos desconocidos. Pienso que, si voy a pie y veo que me van a atracar, puedo darle mi bolsa y todo lo que tenga, e irme corriendo. Pero si voy en una moto, no me puedo lanzar porque me puedo dar un golpe.

No me gusta salir a ningún lado si no es para hacer una diligencia porque yo me crie así, no salía a ningún otro lugar si no era necesario. La verdad, otra razón por la que no camino aquí en La Capital es por la inmigración. Sin embargo, muchas personas en República Dominicana piensan que yo no soy haitiana porque no me ven hablando en kreyol y porque mi forma de ser es dominicana.

Por ejemplo, cuando vengo del campo para La Capital, los militares no me preguntan nada y me cobran el mismo pasaje como a cualquier otro dominicano; no he tenido que pagar 8.000 pesos como los demás haitianos, y no me discriminan como si lo fuera. Pero soy haitiana aunque no lo parezca.

La situación para mi esposo es otra.

Conocí la inmigración cuando entró a mi casa corriendo detrás de Line. Siempre escuchaba a las personas hablando de ellos, pero nunca los había visto con mis propios ojos hasta esa vez. El mismo día que la inmigración entró a mi casa detrás de Line, se llevaron a un amigo suyo que estaba en su casa con sus amigos. En el barrio donde él vive hay muchos haitianos. Ese día, los de inmigración vieron a una haitiana que iba para su casa con una cubeta de agua que había comprado en un colmado; entonces, se bajaron de la guagua donde andaban, entraron a todas esas casas y se llevaron a todos los que estaban allí. Muchos de ellos cerraron las puertas, pero los militares se las rompieron, entraron y se llevaron incluso a algunos que tenían el carnet que les permitía estar allí. Parece que se enojaron porque los haitianos cerraron las puertas, y por eso se los llevaron a todos. Cuando llegaron al destacamento, revisaron los documentos que tenían; a los que los tenían buenos, los dejaron volver para sus casas, y a los que no tenían documentos los mandaron para Haití. Como el amigo de Line no tenía papeles, también lo mandaron. Después él contó que, cuando lo cruzaron al otro lado de la frontera, se devolvió y le pagó a un chofer 8.000 pesos para que lo trajera, porque había tenido tiempo de conseguir dinero antes de que los militares entraran a la casa.

Esa misma noche, él regresó para La Capital. Eso lo hacen los que andan con su dinero, pero los que no, tienen que irse para Haití y regresar cuando consigan su pasaje. Cuando la inmigración entró a mi casa, no sabían que Line vivía ahí; salieron corriendo detrás de él porque lo vieron saliendo del callejón de mi casa. No lo agarraron, así que regresaron con el fiscal a buscar dentro, para ver si estaba escondido ahí. Pero no lo encontraron, y luego se fueron.

Me sentí muy triste y asustada cuando la inmigración entró a nuestra casa buscando a Line. Él había salido corriendo para que no lo agarraran, saltó por encima de una pared para otra casa y se cortó en su oreja, sus rodillas y pies. Cuando los de inmigración vieron que no estaba, dijeron que si lo hubieran agarrado le habrían dado muchos golpes por haber salido corriendo. Pero ellos son como locos, porque ¿Quién va a ver que la inmigración lo va agarrar y se va a quedar parado? Cualquier persona que los vea y sepa que no tiene sus documentos va a salir corriendo porque no va a querer que lo agarren.

Eran muchos de ellos, unos diez, y todos eran militares masculinos. Estaban vestidos de gorra, camisa, pantalones y botas negros, y tenían un letrero en sus camionetas que decía "inmigración". Todos estaban armados con pistola.

Siempre andan de a varios porque saben que cuando los haitianos los ven se van corriendo; si son pocos, no los pueden agarrar, pero si son varios, los siguen. A veces los agarran, pero otras se les van y no los pueden alcanzar.

El presidente Luis Abinader no quiere saber nada de los haitianos. Desde que le entregaron la silla, no ha hecho nada más que mandar a recogerlos a todos para mandarlos a su país. Yo creo que, en algún sentido, él y Donald Trump son iguales, no quieren ver a las personas inmigrantes ni negras. Muchos pensaban que cuando él decía que iba a hacer un cambio, era otra cosa. Pero el cambio es mandar a todos los haitianos para Haití. Casi todos los fines de semana, él envía a la inmigración a recogerlos.

Además, el presidente empezó a decir que el gobierno dominicano va a construir un muro entre Haití y República Dominicana. Yo pienso que una decisión así va a afectar a los dos países. Por un lado, a los haitianos, porque no van a poder cruzar para República Dominicana si no tienen documentos, y eso los va a dañar más porque no tienen un presidente bueno que les pueda dar trabajo a todos ellos.

Por otro lado, va a afectar a los dominicanos porque muchos venden mercancías en Haití. Los dos países dependen de cada uno, uno del otro, como escribí anteriormente, y si no pueden participar en los mercados binacionales, mucha gente de los dos lados va a sufrir.

No sé exactamente cómo va a funcionar si el gobierno construye el muro, pero, tal vez, si lo ponen, los haitianos cuando vayan al río no van a ver nada del lado de República Dominicana, y los dominicanos, tampoco van a ver nada para el lado de Haití.

He escuchado a algunas personas decir que, en la época de la dictadura de Trujillo, los dominicanos que iban a buscar agua en el río no podían mirar para el lado de Haití. Tenían que llenar sus vasijas con la frente para este lado de República Dominicana. Al parecer, es eso mismo lo que va a pasar ahora.

El vecino país de Haití está en una situación muy complicada porque el pueblo le quería dar un golpe de estado; protestaba y hacía muchas huelgas en las calles. Quemaban vehículos, gomas, palos, basuras, y tiraban piedras, palos y bombas lacrimógenas. Las personas que protestaban para darle el golpe de estado al presidente lo hacían porque no los quieren, pero sobre todo porque él no combate la delincuencia, no baja la pobreza ni estabiliza el país. Hay demasiada corrupción, y la gente está muriendo de hambre y a tiros. Yo no entiendo por qué siempre, cuando hay un presidente en Haití, tienen que pasar esas cosas. Parece que no les importa ni intentan hacer mejorarlas. Ningún presidente parece bueno para el pueblo. Yo creo que por eso ese país no progresa nada.

Cuando escuché la noticia de que asesinaron a Jovenel Moïse, me sorprendí mucho y me sentí triste; era la primera vez que yo me enteraba de que mataran a un presidente. Yo he escuchado a algunas personas decir que, de todos los presidentes que han visto en Haití, él era uno de los mejores. En las noticias dicen que los que lo mataron fueron unos colombianos, pero que están investigando todavía, y otros participaron también, como haitianos con ciudadanía estadounidense. Había una foto del cadáver de Jovenel Moïse circulando por las redes sociales; el hermano de Line se la mandó por WhatsApp, y él me la enseñó.

El mismo día que eso pasó, el presidente dominicano Luis Abinader mandó a cerrar la frontera, y ha enviado muchos militares para todos los lugares de la frontera. Él dijo que está cerrada para todos los haitianos que piensen cruzar para República Dominicana, pero estará abierta para los haitianos que quieran ir a su país. Además, les pidió a todos los dominicanos que estaban en Haití que regresaran a su país porque sus vidas podrían estar en peligro.

Me duele mucho porque Haití es un país muy pobre, y que les pase eso en este momento debe hacerles muy difícil la situación a sus habitantes. Soy haitiana aunque no me crie allá, pero lo siento por mi nación, porque está en crisis. Yo me imagino que casi todos los haitianos deben estar tristes porque les mataron a su presidente.

Capítulo 22

Cuando nos enteramos del Covid-19, sentí mucho miedo porque decían que el virus estaba matando a mucha gente en otros países. Después que llegó a República Dominicana, algunas personas también tenían mucho miedo. Quizás algunos no, pero yo, muchísimo. Muchos respetaban el toque de queda, y otros no. La policía agarraba a muchas personas por no respetar el toque de queda. A los que estaban en la calle a esa hora, se los llevaba para el destacamento y los dejaba amanecer allá. También les ponía una multa de 1.000 o 2.000 pesos.

Durante el pico de la pandemia, yo salía al mercado y al supermercado a hacer unas diligencias, pero no iba a ningún otro lugar por los niños. Line tenía trabajo cargando mercancías pero no podía trabajar todo el tiempo porque pararon de trabajar. Pasé todo ese tiempo del año 2020 y parte del 2021 con mi familia en mi casa mayormente; no conocí personas nuevas porque no podía salir por la cuarentena. También tuvimos que andar con mascarillas, y mucha gente se la ponía, pero otros no. Me sentí triste cuando vi por las noticias que en algunos países hubo madres que murieron con el Covid-19 y dejaron a sus bebés recién nacidos. No me gusta ver a las personas tristes o enfermas porque me da mucha pena. En relación con las escuelas, por el Covid-19, el presidente les dijo a todos los profesores que había que darles clase a todos los estudiantes por televisión, radio, computadora y celulares para que no pasen el año sin estudiar.

En el año del 2020 aprendí a hacer muchas cosas de escritura que no sabía; este año empecé a escribir mi libro. También aprendí a hacer algunos trabajos en computadora laptop, a ir sola a algunos lugares de aquí en Santo Domingo, y a cocinar algunas comidas diferentes, como ensaladas. Otra cosa buena que pasó este año fue que los demás países apoyaron a República Dominicana cuando comenzó la pandemia, y el presidente, los síndicos y los diputados ayudaron a muchas personas llevándoles algunas cosas como comida cruda y cocida, mascarillas, agua potable; además, cuando pasaron las tormentas Laura y Gonzalo, les hicieron casas a quienes se les habían destruido.

También estuve triste este año porque no tuve trabajo y porque todavía no conseguí mis papeles. Varias veces fui al hospital y no me quisieron atender porque no tengo documentos; parece que están cambiando los requisitos. Me sentí muy triste por eso.

Intento pensar en las cosas buenas e importantes, como mi hogar, para ayudarme con el dolor. Como familia somos muy unidos, felices y humildes; nos gusta jugar y comer juntos, siempre estar contentos y visitar a nuestra familia. No hacemos líos, y siempre preferimos estar tranquilos. Ahora Diosli tiene cinco años de edad, y es muy simpático y generoso. Le gusta cantar, jugar, ver muñequitos en la televisión, jugar pelota y reírse mucho. Disfruta compartir con sus amiguitos, y no le gusta la oscuridad. Él es un niño muy tranquilo. Dioneisi es una bebé todavía, está aprendiendo a caminar y quiere hablar, pero solo le salen los sonidos de una bebé.

Las cosas más importantes en mi vida, aparte de mi familia, son, en primer lugar, que todos podamos tener salud. En segundo lugar, es importante para mí tener amigas en quienes tengamos confianza, que nos respetemos y compartamos todo.

Ahora mismo, también lo más importante para mí es conocer a mi mamá, y ser muy respetuosa con ella y con todas las demás personas. Por último, aprender mucho más de lo que no sé, es decir, aprender muchas cosas nuevas.

    Ahora siento que tengo más familia porque sumo a todos los parientes de Line, a Chembo y Mamota, a mis hermanos y, además, a mi verdadera familia en Haití, de la que me gustaría conocer más en el futuro. La familia de Line es muy grande por el lado de la mamá y por el lado del papá. Conozco a muchos de ellos, pero hay muchos más que todavía no he visto. Los que conozco hasta ahora se han portado bien conmigo, porque la verdad es que yo nunca le doy motivo a nadie de que encuentre algo malo que decir de mí. Por eso, soy buena con todas las demás personas y muy generosa. Yo les doy las gracias a mi madre y a mi padre porque me trajeron al mundo, y también a Dios por nuestra salud, por mis hijos, mi esposo y mi familia. Ahora no tenemos empleo fijo, pero tengo mucha esperanza en Dios, y sé que él me va ayudar a conseguir trabajo; él me va ayudar. Aparte de ser una escritora o doctora, también me gustaría ser una cantante profesional. Soy muy inteligente para lograrlo porque en más o menos tres días me aprendo una canción. Si terminara la escuela, estudiaría dos profesiones: doctora y cantante. Mientras no tenga papeles, no me puedo poner a estudiar para hacer esas dos carreras. Soy joven, así que cuando consiga mis documentos, voy a poder seguir estudiando y lograr esas profesiones. Yo siempre tengo fe y sé que voy a salir adelante.

    Me gusta negociar y trabajar, compartir con las demás personas, jugar, cantar, bailar, leer y escribir. Me gusta hacer muchos oficios como lavar y cocinar. Algún día, si tengo dinero, me gustaría ayudar a los pobres. Espero que muchas cosas cambien, como que la delincuencia baje, que se abaraten los precios de los alimentos, que haya más empleo y que el gobierno les dé a los que necesitan.

Line y yo estamos en un proceso para estar documentados. Con estos trámites nos ayuda nuestra pastora. Pudimos iniciar el proceso con el dinero que gané de la casa editorial por escribir este libro, y espero que con lo que consiga de las ventas, mi familia y yo podamos sacar nuestros papeles. La mujer encargada del proceso nos ha dicho que puede tomar varios meses hasta que saquemos las cédulas dominicanas. Una vez que estén listas, nuestros hijos podrán conseguir documentos, porque ellos tampoco los tienen. Voy a hacer todo lo posible para inscribir a los niños en la escuela y evitarles la lucha que Line y yo hemos pasado por ser indocumentados.

Si todo sale bien, voy a tratar de terminar el bachillerato para poder encontrar un buen trabajo. Si pudiera estudiar en la universidad, me gustaría seguir la carrera de médico porque así podría salvar la vida de la gente y sanar a los enfermos, a los niños y a los ancianos. Atendería bien a todas las personas, no como algunos doctores que he visto que no cumplen con su trabajo y maltratan a los pacientes; yo no necesitaría ver de qué nación sean.

En el futuro, espero poder ayudar a la comunidad de Guayabal; pondría una clínica y los domingos prepararía una mesa para darles comida a todos los que necesiten alimentarse. Ayudaría a Chembo y a Mamato, a los niños de Guayabal y a mi familia; podría regalarles muchos juguetes. También les daría a los niños que vienen de Haití a traer chivos lo que ellos necesiten, como comida, ropa, zapatos, juegos y medicinas, porque en Haití todo cuesta mucho dinero, hasta una consulta en un hospital tienen que pagar.

Line y yo todavía no estamos casados por la iglesia porque no tenemos dinero para hacer la boda. Algún día, cuando tengamos dinero, nos casaremos si Dios quiere.

Me gustaría mostrarles a muchas personas este libro

que he escrito, que algunos pensaban que nunca podría hacer. Después de que se publique, espero poder encontrar a mi mamá y a toda mi familia que todavía no conozco.

En cinco años, me imagino que habré conseguido mis papeles y un lugar mejor donde vivir; me imagino que tendré un poco más de dinero con el que ayudar a los que más necesitan y con el que arreglar mi casita que tengo en el campo; me imagino que abriré un colmado y compraré un vehículo para cargar las mercancías que venda.

Tengo muchas ideas para mi futuro; con fuerza y fe, creo que puedo lograrlo. Mis dos hijos serían más grandes; el primero tendría diez años, y la segunda, cinco. Ojalá ellos estén en la escuela, porque ya tendrían ciudadanía. En cinco años, podría estar aquí en Santo Domingo y viajar a algunos países como los Estados Unidos o Suecia. Me imagino que el único que sabe es Dios, porque él lo puede todo. Finalmente, me gustaría pasar mi vida entera feliz. Creo que estoy en el camino.

Nota de la Editora

Trabajar con Isabel en su autobiografía ha sido inspirador. Su impulso y determinación nunca flaquearon durante el proceso entero. Es una persona muy fuerte que quiere mejorar su vida y ha trabajado muy duro para lograr sus metas y crear un futuro mejor para ella, su esposo Line, y sus dos hijos, Diosli y Dioneisi. Tiene un potencial increíble, como si hubiera podido producir todo este trabajo sin ningún tipo de formación formal sobre cómo escribir. Ella es completamente autodidacta.

Mientras yo vivía en Guayabal, Isabel se convirtió en una amiga cercana y con quien siempre tuve buenas y significativas conversaciones. Todavía somos amigas y tenemos mucha confianza. Muy rápido, después de conocerla, me di cuenta de que ella es una persona reflexiva, y esa es una de las razones que me animaron a pedirle que escribiera su autobiografía.

Al inicio del proceso, juntas discutimos cuáles detalles debíamos incluir en su historia y en el transcurso de nueve meses, realicé entrevistas con Isabel. Durante este tiempo de recopilación de información, ella encontró la fortaleza al formular sus respuestas y sentimientos, aunque algunos temas eran difíciles. Su ética de trabajo era impresionante y por eso, le agradezco mucho, porque no es fácil hablar sobre temas que duelen. Ella nunca dejó de escribir.

Ha sido un placer trabajar con Isabel durante todo el proceso e iluminarnos para comprender mejor su historia, sentimientos y opiniones, y cómo es para ella vivir en República Dominicana, además de su experiencia en Haití. Estoy muy orgullosa de ti, Isabel, por lo que has logrado y estoy emocionada de que compartas tu historia con el mundo.

Christina De Paris
8th & Atlas Publishing
July 2021

Sobre la Autora

Isabel Carrasco es una escritora autodidacta. *Sacando Mis Papeles* es su primera obra. Ella vive en República Dominicana con su esposo y sus dos hijos.

Goodreads: Isabel Carrasco

Visite 8th & Atlas Publishing

www.8thandatlaspublishing.com

Instagram: @8thandatlaspublishing

Facebook: @8thandatlaspublishing

YouTube: 8th & Atlas Publishing

Twitter: @8thandatlas

TikTok: @8thandAtlasPublishing

Clash: @8thandAtlas

www.ingramcontent.com/pod-product-compliance
Lightning Source LLC
LaVergne TN
LVHW041634060526
838200LV00040B/1567